世界を動かす「宗教」と「思想」が2時間でわかる

蔭山克秀

青春新書
INTELLIGENCE

はじめに

「哲学は人の生き方を方向づけ、宗教はそれを決定づける」

本書は、この考え方を軸に書き進めたものだ。

人間のパーソナリティは「遺伝＋環境」の相互作用で形成される。でもそれが〝国民性〟ならどうだろう？　僕は「環境＋歴史」の相互作用で形成されるものだと考える。

自然環境、たとえばその国が島国か、暑いか寒いか、砂漠や台風はあるのか、大国か小国か、周囲をどんな国に囲まれているのか、どんな囲まれ方をしているのかなどは、その国に暮らす人々の性格や行動・態度・対人関係などに、大きな影響を与える。

また歴史の方も、その国がどんな目に遭ってきたのか――侵略は？　戦争は？　専制は？　ファシズムは？　革命は？　貧困や内戦は？　――これらが、その国の人々の「生き方や意志」を決定づける。

この環境と歴史の2つが絡み合って形成されるものが国民性だ。

そして、それらすべてに「方向性を与える」ものが「哲学」だ。

後世に残る力強い哲学は、ある日突然ポンと生まれたりはしない。そこにあるのは地理的必然と歴史的必然、つまり「こんな環境で暮らすからこそ、こんな思想が生まれました」や「歴史の中でこんなことがあったからこそ、こんな思想が生まれました」だ。〝場所〟と〝時〟という違いはあれど、両者に共通しているのは、国民が生きるために「必要」だから生まれてきた、ということだ。

必要性のない思想は脆弱だ。社会から求められているわけでもないのに無理やり作ったような哲学は、一見格好がよくて耳あたりがよくても、永続性がない。別に国民が必要としていないため、思想としての足腰が弱いのだ。

でも、厳しい環境や歴史の激流を「生きるため」にひねり出された哲学は違う。こいつは強靭だ。血と汗と涙の臭いがする。民族全体の覚悟や決意がこもっている。そういう哲学は竹刀で2、3発ぶん殴ったぐらいじゃびくともしない。

そして、そういう力強い哲学が国民の進む方向を照らし出したら、今度は「進め！」と行動を「決定づける」後押しが必要になる。それが「宗教」だ。

多くの国の歴史を見ているとわかるが、社会環境に激変があると、進むべき道を探るために、哲学が生まれる。でも多くの場合、道は見えてもその先へ一歩踏み出すのはかなり勇気がいる。そこで僕らに勇気を与えてくれるものとして、僕らの心を支え、心地よく麻痺させてくれるものが必要になる。それが宗教だ。

哲学は「頭」だ。理詰めではあるが、非力で突き抜けられないことも多い。対して宗教は「心」だ。合理的ではない部分も含むが、信仰は人間に信じられないほどの行動力を与える。だから有事の際、彼らを動かす決定的な行動原理になりうるものは、哲学ではなく宗教であることが圧倒的に多いのだ。

哲学が国民の生き方を方向づけ、宗教がそれを決定づける。こうしてその国の国民は「その国の人らしさ」を、より色濃く形成する。本書は各国の「今」につながる思想の流れを見ることで、それを理解してもらうための本だ。

ただしもちろん、無理なこじつけはしない。すべてが必ずそうだみたいな法則性のこじつけは単なる思考停止だし、しかも1カ所そんなことをすると、他の箇所の解釈も、どんどん歪んでいってしまう。あくまでも「本当にそう見える」「本当にそう思う」をベースに、思想を通じて世界を見ていきたいと思う。

さて、遅ればせながら自己紹介しておくと、僕は予備校で大学受験を控えた若者たちに日夜、公民科目の「倫理」の授業を行っている講師だ。「ん？　倫理？　そんな科目あったっけ?」なんて声も聞こえてきそうだが、今の時代、倫理ほど「役に立つ」授業は無いんじゃないかと思ってる。というのも、高校の倫理には、世界のあらゆる時代と国の重要思想のエッセンスが詰まっているからだ。だから世界中で宗教対立が起き、国内では右傾化なんて思想の傾きがニュースになる今の時代を生き抜くには、またとない教材なのだ。

宗教に思想なんて言うと難しそうなイメージを持たれがちだけど、大丈夫。僕がわかりやすく説明します。生徒によると僕の授業は「別次元にわかりやすい」そうだから（自分で書くとメチャ偉そうだな）。

ただし本書は、そんな僕の授業がベースになっているせいで、一見ふざけた息抜き用のエピソードも随所にはさまっているが、これはどうかお許しいただきたい。いわゆる〝予備校講師の雑談文〟ってやつだ。職業病みたいなものだが、僕は講義で難しいテーマを扱う時、生徒が飽きて寝てしまわないよう、必ず面白い話や興味深い話をはさむようにしているのだ。

そもそも数学や物理でヘトヘトに疲れ切っている18、19の倫理受講生に向かって「今日は90分間、儒教を語ります」なんてド直球の講義、苦行以外の何ものでもない。これはダメ。囚人の更正プログラムじゃないんだから。

そんな時重宝するのが〝変化球〟だ。つまり直球から入らず「お前ら、海原雄山が何であんなにムカつくか、考えたことある?」みたいな感じで、外角低めに外れる緩いカーブから入れれば、最後インハイの直球で打ち取れるまで、みんな気持ちよくバットを振ってくれる。これが「予備校講師のワザ」だ。

「そういや、予備校の授業って楽しかったな」——皆さんにも覚えがあるでしょう。本書はあの楽しさを思い出してもらう本です。どうかあの頃を思い出して、久々に楽しい講義で皆さんの思想理解度を伸ばし、そこを起点に「世界が見える大人」をめざしましょう。だからくれぐれも「ふざけやがって、何がアナゴだ‼」などと目くじらをお立てにならないよう。昔流行った芸人じゃないけど「小っちゃいことは気にすんな」です。

最後に、本書の執筆にあたって、締め切りやチェックで多大なる迷惑をおかけした青春出版社の北尾泰樹氏に感謝の意を示しつつ、筆を措きたいと思う。北尾さん、ほんとにお世話になりました。

蔭山　克秀

世界を動かす「宗教」と「思想」が2時間でわかる　目次

1章　欧米の根っこにある「キリスト教」という行動原理
――いかに生まれ、いかに「世界のパワーバランス」をつくり上げたか

4章 宗教に〝冷めた〟哲学大国「フランス」が生む対立
——理性を何よりも重んじてきた国の「宗教」と「思想」

5章 EU経済の盟主「ドイツ」の日本とは違う〝真面目〟さ
——生きるための知恵を突き詰めてきた国の「宗教」と「思想」

6章　寛容の思想「イスラム教」は、なぜ戦いの道具にされるのか？
――「世界を混乱に導く」という誤解が生まれたワケ

7章　日中韓「儒教」国家三兄弟の違いと共通点
――「お上にとって都合のいい」思想は、今どこまで残っているか

8章 「社会主義」が見た資本主義の〝恐ろしさ〟とは

——平等を目指した挑戦が、なぜ「独裁国家」を生んでしまったのか

9章 〝やわらか〟な「神道」は日本をいかに導いてきたか

——日本誕生から神仏習合、明治維新、そして太平洋戦争まで

1章

欧米の根っこにある「キリスト教」という行動原理

――いかに生まれ、いかに「世界のパワーバランス」をつくり上げたか今の世界、何かがおかしい。なぜアメリカの大統領選は波乱続きなのか？　なぜフランスは再三テロの標的にされるのか？　なぜイスラエルとパレスチナは不毛な和平と決裂を繰り返すのか？　なぜ「イスラム国」は平気で外国人を公開処刑できるのか？　なぜここまで難民問題が激増したのか？

これらはすべて「宗教」が関わっている。一見関係なさそうでも、よく見るとその背後には、どれもイエスやアッラーがチラチラしている。

こういうのって、僕ら日本人には見えにくい。でも外国人にはよく見える。なぜなら日本では「宗教＝一部の特殊な人のもの」だけど、世界ではむしろ逆に「無宗教＝ヤバい奴or共産主義者」と見なされるからだ。そう、実は僕ら日本人は、世界の常識的には「1億人のヤバい奴ら」だったのだ。

ならば僕らが〝世界を読む〟には、まず宗教を理解しないと。トップバッターはもちろんキリスト教。キリスト教は、西欧の基本宗教であるだけでなく、中南米やアフリカにも信者が多い。信者数も約22億人と世界最大だ。イスラム教の約16億人と比べても、6億人も多い。これじゃ、キリスト教を抜きにして今日の国際社会は語れない。

しかもキリスト教は、イスラム教より解釈が自由なため、国によって発展や定着の仕方が全然違う。つまり単純に「ああ、キリスト教国だからこうなったのね」とは言えないのだ。そこがまた面白い。

それではそのキリスト教、まずはちょっと真面目に、歴史の部分から見ていこう。

キリスト教はユダヤ教にとっての「プロテスタント」

キリスト教は、ユダヤ教を母体にして生まれてきた宗教だ。

母体というより「ユダヤ教を宗教改革したものがキリスト教」だ。だからキリスト教を知るには、まずはユダヤ教から見ないといけない。

ユダヤ教は宗教というより、ユダヤ人と唯一神ヤーウェ（エホバ）との「契約」だ。その内容はシンプルで、神から授けられた掟（律法）に絶対服従しさえすれば、神は「ユダヤ人だけ」を救ってくれる。その神から授けられた律法が「十戒」であり、その十戒は、ユダヤ人が預言者モーセを介して神から授かったものだ。

しかし、なぜ神はユダヤ人しか助けないんだろう？　教え自体がシンプルなだけに、当然そこが引っかかる。まるで毎日境内の掃き掃除をしたから、お前の田んぼだけ稲を実らせてやるぞと言われてるような器の小ささを感じる。神さまってそんなに狭量なの？　それとも心が狭いのはユダヤ人の方？　調べてみると、どうやら狭量なのはユダヤ人の方だった。しかし、その背景には彼らの悲しい物語がある。

ユダヤ人の「選民意識」は歴史をみると謎が解ける

よく知られているように、ユダヤ人の歴史は迫害の歴史だ。ほんの短い黄金期を除けば、彼らは常に他民族から蹂躙《じゅうりん》されていた。

ユダヤ教の経典は『旧約聖書』だが、そこには「創世記」の次に「出エジプト記」というのがある。

出エジプト、つまり彼らはまずエジプトに入り、そこから出て行く。彼らは元々カナンの地（現イスラエル、パレスチナ）で暮らしていたが、その後大きな飢饉のせいでエジプトに移住したんだ。しかしエジプトでは、当時大帝国を築いていたエジプト王（ファラオ）に奴隷にされてしまう。そこから彼らの苦難の人生が始まる。

彼らはファラオの圧政に耐え続けていたが、やがてエジプトからの脱出を決意する。

ユダヤ人の増えすぎを危惧したファラオが、ユダヤ人の新生児殺害を命じたからだ。彼らは指導者モーセに引き連れられ、60万人もの大移動でエジプトからシナイ半島に脱出し、約束の地・カナンへと戻ってくる（※「神がユダヤ人に約束した土地」という意味。1948年のイスラエル建国の根拠としても主張した）。これが「出エジプト」であり、モーセはその際神から「十戒」を授かったんだ。

・あなたは私の他に、何物をも神としてはならない。
・あなたは自分のために、刻んだ像を造ってはならない。
・あなたはあなたの神、主の名を、みだりに唱えてはならない。
・安息日を覚えて、これを聖とせよ。
・あなたの父と母を敬え。
・あなたは殺してはならない。
・あなたは姦淫してはならない。
・あなたは盗んではならない。
・あなたは隣人について、偽証してはならない。

・あなたは隣人の家をむさぼってはならない。

神はこの「十戒」という律法をユダヤ人に課したことで「怒りの神・裁きの神」として認識されるようになった。つまり今後、神は律法を守らない人間に対して怒り、そういう人間には救いをもたらさないと裁くのだ。

彼らはエジプト脱出後、ついにカナンに帰ってきて、そこでヘブライ王国を建国した。短い黄金期だ。しかしそれもつかの間、今度は国がユダ王国とイスラエル王国に分裂してしまう。そしてその後、ユダ王国はエジプトに支配され、新バビロニアに支配された後、滅亡。ユダヤ人はバビロニアに連れ去られてしまった（＝バビロン捕囚）。

その後彼らは新バビロニアの滅亡に伴い、カナンの地に戻ることができたが、今度はローマ帝国に支配されてしまう。そしてついに紀元前1世紀には祖国を完全に失い、ユダヤ人は「亡国の民」となってしまった。

ユダヤ人の人生は、一事が万事、ずーっとこんな調子だ。こんだけ他人から人生もてあそばれたら、ユダヤ教が自己の救済しか考えないのは当然だ。それどころか、もし僕が彼らなら「エジプト人やローマ人なんか、全員不幸になれ！」ぐらいのことは考える。

こうしてユダヤ教には偏ったともいえる選民意識（自分たちだけが神から救済を約束されているという意識）が生まれ、ユダヤ人たちはいつの日か「自分たちだけ」が救われることを夢見て、心を閉ざして律法を守り続ける閉鎖的な民族となってしまったのだ。

そういうわけで、彼らはその後何百年もの間、とにかく律法を守り続けた。しかしいくら守っても守っても、一向に自分たちだけ救われる気配がない。現実は、帰る国を失い、ローマ帝国に押さえつけられているという辛いものだ。

そうすると、彼らに微妙な心境の変化が表れる。今さら律法放棄なんてコワいことはできない（ひょっとしたら律法を守っているからこそ、この程度の迫害で済んでいるのかも）が、救われる気も全然しない。そこで彼らは、表面上は律法を守りつつも、心のどこかで〝真の救世主（メシア）〟を待望するようになっていく。

そんな中、イエスが現れ、新しい教えを説いていくのだ。

イエスの〝ちょい足し〟改革がユダヤ教を180度変えた

イエスの教え以降の内容は『新約聖書』に記載されている。新約とは「イエスを通じてなされた、神との〝新しい契約〟」という意味だ。だからイエスの教えも根っこの部分はユダヤ教と同じで「律法を守れば、神から救われる」だ。しかしそこに1つの要素を加えることで、イエスはまったく違った味わいに仕上げた。

それは「愛」だ。

まずイエスは、神が律法を与えた〝意図〟について考えてみた。

そもそも神は、何で僕らに律法なんか示したんだろう？　掟《おきて》でがんじがらめにして、苦しむ僕らを見て笑うため？

聖地エルサレムにある「嘆きの壁」で祈りを捧げるユダヤ教徒

――いやいやそんなバカな。

でもハードルを設定するってことは、越えさせたいってことだよな。ということは、結局神さまは、僕らを助けたいってことか。

「ハードルさえ越えれば、俺はお前らを助けてやれる。俺はお前らを助けたい。だから頑張ってハードルを越えてこい」――そう考えると、律法の根底に込められている神の意図

ハギア・ソフィア大聖堂に飾られているイエスのイコン

は〝救済〟、つまり神から僕らへの愛ってことになる。

このように、イエスが律法解釈に「愛」というスパイスを投入したことで、ユダヤ教では「怒りの神・裁きの神」だったヤーウェは、キリスト教では「愛の神」へと変貌をとげた。こうして、ユダヤ人が恐れおののく神は、イエスの手により万人に手を差しのべる慈愛に満ちた神へと生まれ変わったのだ。

その後イエスは、外面ばかり律法遵守にこだわるユダヤ教のあり方を批判し、この愛の教えを「隣人愛」という形で人々に伝道し、神の国到来の福音を説いた（※福音＝「幸福の音色」だから「喜ばしき知らせ」という意味。さらにそこから転じて「イエスの言行」のことも福音という）。

隣人愛は、イエスの言葉を借りると「敵を愛し、迫害する者のために祈る」ような愛だから、はっきり言ってユダヤ人には辛い。だってにっくき隣人・ローマ人をも愛さないといけないから。

でもそれをやらないと、我らが内面的に確立すべき幸福・平和の世界である「神の国」には到達できない。だから、イエスの教えに感化されたユダヤ人たちは、まず全力で神を愛し、次いで隣人を愛したのだ。

しかしそのせいで、イエスは「ローマ以外の国における幸福をユダヤ人に吹聴する政治犯」として捕らえられ、最期は政治犯にふさわしい残酷な刑罰・十字架にかけられて処刑されたのだ。内面に築くものとはいえ、「神の国」という別の国へ導こうとしたからね。

このように、イエスがユダヤ人に直接伝道した期間はわずか1、2年にすぎなかったが、それでも閉塞感漂うユダヤ人社会に与えたインパクトと、ローマ人に与えた脅威は大きなものだったのだ。

ただしここまでは、まだキリスト教ではなく「イエスの教え」、またはイエスの行った「ユダヤ教の宗教改革」にすぎない。しかしこの後、2つの過程を経ることによって、「単なるイエスの教え」から「救世主（キリスト）信仰」という宗教へと昇華していくことになるのだ（※ちなみに救世主という言葉は、ヘブライ語ではメシア、ギリシア語ではキリストとなる）。

■聖書の全体像

聖書

- 創世記
- 出エジプト記
- レビ記
- 民数記
- 申命記
- ヨシュア記
- 士師記
- ルツ記
- サムエル記上
- サムエル記下
- 列王記上
- 列王記下
- 歴代誌上
- 歴代誌下
- エズラ記
- ネヘミヤ記
- エステル記
- ヨブ記
- 詩　編
- 箴　言
- コヘレトの言葉
- 雅　歌
- イザヤ書
- エレミヤ書
- 哀　歌
- エゼキエル書
- ダニエル書
- ホセア書
- ヨエル書
- アモス書
- オバデヤ書
- ヨナ書
- ミカ書
- ナホム書
- ハバクク書
- ゼファニヤ書
- ハガイ書
- ゼカリヤ書
- マラキ書

新約聖書

- マタイによる福音書
- マルコによる福音書
- ルカによる福音書
- ヨハネによる福音書
- 使徒言行録

パウロの書簡

- ローマの使徒への手紙
- コリントの使徒への手紙 一
- コリントの使徒への手紙 二
- ガラテヤの使徒への手紙
- エフェソの使徒への手紙
- フィリピの使徒への手紙
- コロサイの使徒への手紙
- テサロニケの使徒への手紙 一
- テサロニケの使徒への手紙 二
- テモテへの手紙 一
- テモテへの手紙 二
- テトスへの手紙
- フィレモン人への手紙

- ヘブライ人への手紙
- ヤコブの手紙
- ペドロの手紙 一
- ペドロの手紙 二
- ヨハネの手紙 一
- ヨハネの手紙 二
- ヨハネの手紙 三
- ユダの手紙
- ヨハネの黙示録

五書　聖文集　福音書　使徒言行録／黙示録
初期の預言書　後期の預言書　手紙

「2種類の伝道」が、キリスト教を世界宗教に昇華させた

その1——イエス個人の教えを宗教に昇華させた「復活」の伝道

イエスは伝道の結果、ローマ人から十字架に磔《はりつけ》にされて死んだ。これも人々の心を揺さぶるエピソードにはなるが、これだけではまだ弱い。なぜならそれは「殉教者」の姿であって「救世主」ではないからだ。

宗教が圧倒的なインパクトをもって人々から受け入れられるには、〝人知を超えた何らかの演出〟がある方がてっとり早い。つまり、教祖が奇跡や預言といったカリスマ性を示す方が、地道な伝道を100年以上続けるよりもずっと効果があるのだ。

その意味では、十二使徒（イエスの弟子12人）がイエス死後も伝道を続けた結果、ユダヤ人の間に広まった「復活→キリスト（救世主）信仰」は、単にイエスの教えだけを人々に伝道するよりも、はるかに効果があった。

使徒たちによると、イエスは十字架に磔にされた3日後に墓が空っぽになっており（つ

まりここで復活し）、生前と同じ姿で使徒たちの前に現れ、40日間ともに過ごし、その後みんなに見守られて天に昇っていったとのことだ。

ただこれは、福音書ごとに記述が異なっており、どれが正しいのかわからない。でも1つだけ言えることは、この奇跡が伝道されることにより、単なるイエスの教えは、救世主信仰という「宗教」へと昇華していったということだ。

この後、使徒たちは「形式的にはユダヤ教の律法を遵守しつつもメシアはイエス」としてエルサレム教会を立ち上げ、キリスト教伝道を開始した。

その2――ユダヤのローカル宗教を世界宗教に昇華させた「異邦人」伝道

そしてその救世主信仰が、単にユダヤのローカル宗教にとどまらず世界宗教になるためにもう1つ必要だったのが「異邦人伝道」だ。

異邦人、つまりユダヤ人以外への伝道には、当然困難がつきまとう。なぜならそれは迫害者・ローマ人への伝道も意味するからだ。

確かにイエスは隣人愛を説いた。「敵を愛し、迫害する者のために祈れ」とも語った。しかし、今まで自分がいじめてきた者たちから「それでもあなたを愛しますよ」とニッコり微笑まれるのは、ローマ人からしてみれば精神的に相当キツイ。

しかもクリスチャンの示す愛は、基本的に〝上から目線〟だ。

これは彼らのめざしている愛の手本が「神の愛（アガペー）」だから仕方ないのだが、相手からするとどう感情を処理していいのかわからなくなってしまう。

つまりローマ人にとってのアガペーとは、いきなりジャイアンが傷だらけになったのび太から、神さま目線で「赦《ゆる》す」とか「愛してあげる」とか言われるようなものなのだ。

自分のせいでボロボロになったのび太が、血まみれなのに慈愛に満ちた表情でにじり寄ってくる。まるでホラーだ。——何こいつ笑ってんだよ、お前のメガネぶっ壊して歯折ったの俺だぞ。それがヘラヘラしながら赦すだの愛してやるだの、マジ意味わかんね……。俺が悪かったからどっか行ってくれよ。よ、よせ、来るな、うわーッ‼　——たぶん罪悪感も相まって、見たこともないキレ方をしそうだ。キリスト教の伝道者に殉教者が多いのは、この愛の性質に因《よ》るところも多分にありそうだ。

一番の敵から一転、異邦人伝道の天才になったパウロ

しかしこのように相手に誤解を与えやすいキリスト教だが、より多くの人に救世主信仰

を広めるためには、異邦人伝道は避けては通れない。キリスト教はエルサレム教会以外にアンティオキア教会（シリア地方）もつくり、そこを海外布教の拠点とした。そして、そこである人物が全精力を傾けて異邦人伝道を行ったおかげで、キリスト教は世界宗教となることができた。その人物こそが、キリスト教の成立に欠かせない人物・パウロだ。

パウロは元々ユダヤ教徒で、特に律法を厳格に遵守するパリサイ派のエリートだった。彼はユダヤ教大祭司の信任状を得てキリスト教の迫害に乗り出すが、その道中で突然失明。その際、天から「なぜ迫害する？　私はナザレのイエスだ」との声を聞いた。その後町に入り、イエスの信徒が彼に触れたとたん、パウロの目は見えるようになった。この奇跡の体験により回心したパウロは、以後は教義を深めつつ、伝道者としてキリスト教を広めていこうと決意したのだ。

パウロは、最初迫害者だったうえ、生前のイエスに会ったことはなく、12使徒の1人でもなかった。でも彼は、その負い目と早く仲間から信頼されたいという気持ちから、誰よりも精力的に伝道し、その甲斐《かい》あってエルサレム教会から「異邦人の使徒」として公認された。最終的にはローマで殉教することになるが、パウロのおかげでキリスト教はローマを含めた地中海世界へ広まったのは間違いない。

またパウロは、キリスト教の教義を深めたことでも有名だ。最も有名なのが「信仰義認説」。これは「人間はイエスへの信仰を通じて、初めて神に義と認められる（＝救われる）」という考え方だが、ここでパウロは、イエスの十字架上の死の意味について、とても深い考察を行っている。

まず僕たち人類には、原罪がある。原罪とは人類が生まれながらに背負っている罪のことで、アダムとイヴが禁断の木の実を食べて以来、人類にはずっとこの罪の遺伝子がインプットされてきたのだ。

そして罪は、償わなければならない。この場合最も適切な償い方は、神さまが人類を滅ぼし、もう一度新たな人類をつくり直すことだ。だって僕らは最初から罪というウイルスに感染した欠陥品なんだから、それを考えればまず神が僕らを滅ぼし、それからニュー人類をつくり直すのが、いちばん筋が通っている。

でも神は、そうしなかった。それどころか、最愛の息子であるイエスを十字架にかけた。これは角度を変えて考えると、こういうことになる。

「神は愛《いと》し子・イエスを犠牲にしてまでして、人類を救ってくれた」

そう、イエスの十字架上の死に込められた神の意図は「人類への愛」だったのだ。人類に罪がある以上、誰かが償わないと赦されなかったが、イエスが人類の身代わりになって死んでくれたことで、その罪も帳消しにできたのだ。

ならば僕らのやるべきことは、イエスを信じることだ。イエスの生きざま・死にざまを信じることは、そのまま神の愛を信じることになり、それをすることで、僕らはようやく神から「お前のあり方は正しいよ」と認めてもらえる（つまり救われる）のだ。パウロはこのように、伝道だけでなく、信仰のあり方についてもキリスト教に大きく貢献した。

「弱い」キリスト教から、「強い」キリスト教へ

アウグスティヌスは、古代キリスト教会を代表する「教父」だ。教父とは古代の教会における理論的指導者のことで、異教徒との論争の中で「これぞキリスト教」と言えるような正統教義の確立に努めた人だ。

それまで迫害対象であったキリスト教は、虐げられつつも信者数をどんどん伸ばし、313年のミラノ勅令でコンスタンティヌス帝から公認（＝保護対象として受け入れること）され、その後392年にはテオドシウス帝が、正式にローマ帝国の国教に認定した。

でも、喜ぶのはまだ早い。生まれたてのキリスト教は理論面が脆弱で、もし今異教徒からつつかれたら、たちまちボロが出てしまう。「ほら見ろ、やっぱりキリスト教は異端じゃないか」——こんなこと言われたら、また迫害される日々に逆戻りだ。

そのため、キリスト教の理論面を強化し異教徒からの攻撃に備えたのが教父であり、その最も有名な教父がアウグスティヌスなのだ。

アウグスティヌスは、異教徒から論争をしかけられた時の想定問答集のような形で、キリスト教の正統教義を確立する。例えばこんな具合に。

「問：キリスト教はヤーウェを唯一神とする一神教なのに、なぜ聖書には〝神・イエス・聖霊〟と、神性をもつ者が三者も出てくるのか？ ⇒答：三者はすべて唯一神ヤーウェで、方便として様々な姿をとっているだけである（＝三位一体説）」

「問：人間は原罪があるはずなのに、なぜ神から赦されるのか？ ⇒答：イエスの死が贖罪《しょくざい》となり、そこで神の恩寵《おんちょう》を得たから」

このようにして、アウグスティヌスはキリスト教の理論面での脆弱性を補いつつ、教会の絶対的権威の確立などに貢献したのだ。

キリスト教はヨーロッパをいかに〝支配〟したか

キリスト教がローマ帝国の国教として認定されたことで、ギリシア・ローマの神々を祀った神殿は破壊され、キリスト教は権威への道を歩み始めた。皇帝もキリスト教に改宗し、ローマ教皇は「キリストの代理者」として認められ、いつの間にかローマ教皇の宗教的権威は、皇帝の政治的権威と同格かそれ以上と見なされるようになった。この頃キリスト教の本山は、ローマやコンスタンティノープルなど5カ所にあったが、この流れでヨーロッパのキリスト教では「ローマ教皇」が頂点に立った。

ちなみにここでのキリスト教とは「カトリック」のこと。当時のキリスト教は、395年にローマ帝国が東西に分裂したのを受けて、西ローマ帝国がカトリック、東ローマ帝国が東方正教会へと分裂していった。その後、476年に西ローマ帝国が滅亡してフランク王国の支配下に入った頃から、支配の道具としてカトリックの権威を政治利用する動きが加速する。なおこの頃からカトリックと東方正教会は違った道を歩み始めるが、東方正教会については、また後述する。

カトリックの総本山であるサン・ピエトロ大聖堂には今も多くの人が訪れる

大いなる権威の後ろ盾を得たカトリック教会は、中世に猛威を振るう。8世紀にはフランク王国から教皇領を寄進され、〝中世最大の封建領主〟となった。この頃のヨーロッパは完全にキリスト教一色に染まり、文学も芸術も、すべては神を讃《たた》え神に近づくものでなければ、社会的に受け入れられなかった。

この時代、最も立派な建物は教会で、その教会が人々に「清貧」を説く。学問の中心は神学で、キリスト教とアリストテレスの学問体系を融合させた「スコラ哲学」が、すべての学問の基準となった。教会の価値観から外れた意見には「異端審問→火あぶり」のフルコースが待っており、教会に逆らう者や不満分子に見える者には、今度は「魔女狩り→火あぶり」のフルコースが待っている。

ヨーロッパでは、こんな状態が1000年近くも続いた。よく日本人は「鎖国で300年損した」などと騒ぐが、こっちは1000年だよ1000年。その間、面白い本も書けず、

魔女狩りの様子。女性だけでなく、男性の犠牲者も多かった

斬新な絵画も書けず、目の覚めるような科学的アイデアも示せない。何でもできる天才タイプの人も、その才能をじっと隠す。なぜならそういう「人と違った」ことができたり何でもできたりする人は魔女か悪魔に決まっており、魔女か悪魔なら100%あぶられるからだ。

しかし火あぶりかあ。武士の無礼討ちゃ切腹で死ぬ苦しみは一瞬だけど、魔女狩りの火あぶりは想像を絶するつらさだぞ。薪を抜いて火力を抑え「弱火でトロトロ焼く」らしいから。魔女が正体を出すのを待つためらしいけど、正体なんかあるわけがない。だって魔女じゃないし。結局下手すりゃ3、4時間ぐらい苦しんだ後、死ぬしかないのか。「自分は魔女だ！」と自白した人は殺されないなんてルールもあったそうだが、ほぼ守られてなかった。だって意味がわからない。なぜ魔女でない人を殺して魔女を保護する？　中世の人々は、こんなやるせない状態を、息を潜めてじっと耐えるしかなかった。

「中世の終焉」を招いた十字軍という大失策

しかし11世紀に入ると、それまで強固だったキリスト教権威が、大きく揺らぐ出来事があった。「十字軍の遠征」だ。

十字軍とはローマ教皇の命令で、異教徒から聖地奪回のために派遣された軍勢だ。11世紀、イスラム王朝であるセルジューク・トルコがキリスト教の聖地エルサレムを支配し、さらにビザンティン帝国（東ローマ帝国）の領土の一部も占領した。

この頃すでにカトリックと東方正教会は仲が悪かったが、今はそんなこと言ってる場合じゃない。これは二人のケンカじゃなく「キリスト教全体の危機」だ。ビザンティン帝国の皇帝アレクシオス1世はローマ教皇ウルバヌス2世に助けを求め、教皇はこれを承諾した。そして1095年、ウルバヌス2世はクレルモン公会議にて聖地奪回を呼びかけ、ここに最初の十字軍が結成されたのだ。

〝聖地奪回〟という錦の御旗を振りかざす十字軍は、民衆や諸侯から熱狂的に支持され、正規の十字軍以外にも「少年十字軍」や「庶民十字軍」などが自発的に組織された。しかしその全体的な志の高さとは裏腹に、一部の意識の低い集団は略奪・虐殺・強姦などを繰り返し、キリスト教の歴史に汚点を残した。

こういう歴史を考えると、十字軍って言葉は、軽々しく使うべきじゃないな。かつてブッシュは、イスラム系テロ組織との戦いを「十字軍」と表現したが、これはアウト。これはイスラム圏の人々がテロのことを「聖戦（ジハード）」と呼ぶのと同じくらい、聞き手を不愉快にさせる言葉だ。どっちも相手にとっては「忌まわしい理不尽な暴力」なんだから、いたずらに負の感情を刺激すべきではない。

そして、キリスト教史に残る汚点といえばもう1つ。実は十字軍、エルサレムの奪回に失敗したのだ。十字軍は約200年の間に大きな遠征だけでも7回あり、東西交易や貨幣経済の発展には大きく寄与したが、結局聖地奪回までには至らなかった。これによりローマ教皇の権威は大きく揺らぐことになり、後の宗教改革につながる契機となるのである。

宗教改革がヨーロッパに巻き起こした〝嵐〟の全貌

十字軍遠征の失敗を契機に、世の中で2つのことが起こり始めた。まず1つ目は聖職者の腐敗。ローマ教皇の権威が失墜したため、もはや昔みたいに教皇のひと睨みで聖職者を抑えることはできなくなってきたのだ。そのため、教会内では不正や汚職、権力闘争などが横行し、かつての信仰の拠り所は見る影もなく荒廃した。

そしてもう1つは、市民感情の変化。これだけ教会がすさみ、教皇が置き物みたいにおとなしくしてるのならば、教会におかしなところがあればどんどん逆らってもいいという空気が、次第に醸成されていったのだ。

この流れから、世の中でまず盛り上がったのがルネサンス（「再生」を意味するフランス語）だ。詳しくは「イギリス」の章で説明するが、教会の抑圧から人間性を回復するための試みだ。めざすものは、キリスト教がなかった時代である「古代ギリシア・ローマ時代の文学や芸術の〝再生〟」。人々は古代人の自由で奔放な姿・才能に憧れ、のびやかなあり方から「キリスト教くそくらえ」という文化を形成した。

そしてもう1つ盛り上がったのが、宗教改革だ。こちらは「ドイツ」の章で詳しく説明するが、ドイツではルターが、スイスではフランス人カルヴァンが、それぞれ腐敗したカトリック教会の改革に着手し、一定の成果をおさめたのだ。

では、その改革内容とはどんなものか。

ルターが唱えた「やさしい原点回帰」

◆信仰義認説

これはいわずと知れたパウロの説だ。別にパクったわけじゃない。宗教改革とは「純粋な信仰を取り戻そう」という運動だから、ルターがここで信仰義認説を挙げているってことは、つまりルターが「私が考える純粋な信仰の1つは、パウロの信仰義認説です」と考えてたってことだね。

◆聖書中心主義

これは文字どおり聖書、特にイエスの言行が記されている『新約聖書』の福音書（マタイ・マルコ・ルカ・ヨハネの4つの福音書あり）だけを信仰のよりどころにする考え方だが、この「聖書だけ」ってところがミソだ。聖書だけってことは、教会には従わないってことだ。ここまで強気な考え方を示せるなんて、やはり時代は変わってきた。

◆万人祭司主義

万人が平等に神に仕える以上、信仰に特殊な媒介者は不要。これまた大胆な「聖職者不要論」だ。

◆職業召命観

この世の中の職業は、すべて神から召し出され、神の栄光を支えるためのもの。そういう意味では全職業が「天職」だ。そしてすべてが神から必要とされている以上、職業に貴賤なし。これが職業召命観だ。

カルヴァンが唱えた「強烈な原点回帰」

続いてカルヴァンだ。カルヴァン主義といえば厳格で禁欲的で勤勉な倫理観と「予定説」で有名だが、実はカルヴァンの予定説は、かなり心をざわつかせる内容を伴っている。それは「滅びの予定」だ。

予定説とは、神は「最後の審判」のあと人類を救うことを永遠の予定としてあらかじめ決めているという考え方だが、カルヴァンはそこに「救いの予定」と「滅びの予定」を意識した「二重予定説」を示している。

つまりこの世には、何も努力しなくても救われる人と、何を努力しても救われない人の2種類がいるという考え方だ。これはルターの信仰義認説との明確な相違点だ。つまりルターなら「信仰により誰でも救われる」余地があるのに、カルヴァンは「何をしようと、救われない人は救われない」ことになる。いかにその人が善行や信仰でポイントを稼ごうとしても意味はない。

はっきり言ってヤな思想だ。「努力は必ず報われる‼」と叫んだＡＫＢの尻をアハハハと笑いながら蹴り上げるような身もフタもなさだ。

実際、カルヴァンがスイスのジュネーブで宗教改革を実施した際つくられた教会は、日常生活の規律と律法への服従を監視し、不服従者を処罰するための厳格な機関となった。これはルターの教会が「愛」を結合原理とする共同体になったのとは対照的だ。

こんな殺伐とした思想、いったい誰が信じるんだと思われそうだが、カルヴァン主義は当時台頭しつつあった新興市民階級から熱烈に支持される。それは「利潤」を肯定したからだ。

宗教改革を推し進めた神学者ジャン・カルヴァン（1509～1564）

資本主義を育んだカルヴァンの〝逆転の解釈〟

先ほど紹介したとおり、カルヴァンの宗教改革はルターのそれよりも真面目というか厳格で、とにかく勤勉で禁欲的であることで知られている。

「勤勉で禁欲的なら、きっとすごく真面目な人だけが支持するんだろうな」と思われそうだが、カルヴァン主義者は、真面目とは別方向で発展していく。

それは「資本主義の発展」だ。

実はカルヴァン主義には、「勤勉・禁欲的」以外に、もう1つ大きな特徴があるのだ。「利潤の肯定」である。先ほど紹介したように、プロテスタントには「職業召命観」という言葉がある。おさらいすると、召命とは「神に召されて与えられた使命」という意味だから、職業召命観とは「この世のすべての職業は神の栄光を増すためのお手伝い（＝天職）である」という意味になる。

そしてカルヴァンは、その職業召命観に、利潤に関する新たな解釈を付け加えた。彼は利潤を、神の栄光を増すために頑張ったことに対する「神からのごほうび」ととらえたのだ。

全職業が天職である以上、僕らの仕事はすべて神に奉仕している。なら神さまから、そのごほうびぐらいもらってもいいじゃないか。これが利潤だ。

つまり「清貧」が当たり前の美徳だった従来のキリスト教に対し、カルヴァン主義から「金もうけOK」になったのだ。これは大きい。金は人を変える。これは聖人君子だろうが資本家だろうが関係なく、人間ならば誰にでもあてはまる真理だ。

ドイツの社会学者マックス・ウェーバー著『プロテスタンティズムの倫理と資本主義の精神』によると、イギリスのカルヴァン主義者（ピューリタン）とフランスのカルヴァン主義者（ユグノー）は、この「利潤肯定」にひかれてがむしゃらに働き、その結果ヨーロッパの資本主義は世界の他地域よりも急速に発展していったのだ。

なぜ、途上国ほどカトリックが多いのか

さて、話をカトリックの側に戻そう。

現代の世界地図を見ると、カトリックの影響力が強いのは、その生まれ故郷である欧米

諸国よりも、中南米などの途上国に多い。この理由は、宗教改革後のカトリックの動きを見るとよくわかる。

宗教改革でプロテスタントに敗れ、カトリックはヨーロッパでは劣勢に立たされた。そこで彼らは失地回復のため、海外に目を向けるようになった。

1545年、カトリック側はトリエント公会議を開き、そこで「反宗教改革」路線を明確に示し、プロテスタントに反発した。そして1534年にイグナティウス・デ・ロヨラが立ち上げていたイエズス会を軸に、世界布教を展開したのだ。

欧米にはプロテスタントが多いのに、主に途上国でカトリックが多いのは、そのせいだ。ちなみに日本の種子島にポルトガル人が漂着したのが1543年、ザビエルが来日したのが1549年だから、まさに彼らがやって来たのがこの反宗教改革の流れだったのだ。


ちなみに、中南米はカトリック信者が圧倒的に多い。これはイエズス会の動きというよりも、植民地支配のせいだ。中南米をいち早く植民地にしたのは、スペインとポルトガル。そしてその南欧の両国は、ともにカトリックだ。だから彼らは、支配の手段・道具として、カトリックをガンガン布教したのだ。

そのせいで、中南米では常に問題を抱えることになった。過去の植民地支配のせいで経済が立ち遅れ、貧困問題が深刻になったり、カトリックの「中絶禁止」の規定により人口爆発が抑えられなくなっているのだ。神が創造した生命を、僕たち人間が勝手に奪うわけにはいかないからね。旧約聖書風にいうと「汝殺すなかれ」だ。難しい問題だよ。

東欧に広がる第三勢力「正教会」の世界

さて、ここまでカトリックがヨーロッパを支配し、その後プロテスタントが生まれた流れをたどってきた。その一方で、東ヨーロッパでは「東方正教会」なる宗派が存在することを、なんとなくご存知だろう。じゃあ東方正教会はカトリックやプロテスタントとどう違うのか。そもそも〝正教〟ってなんだ。ここからは、そんな疑問に答えていくとしよう。

東方正教会の始祖たるギリシア正教は、宗教改革より前の時代、ローマを中心とするカトリックとは別に、ビザンティン帝国（東ローマ帝国）からロシア方面に広まっていったキリスト教だ。このキリスト教は、国王が〝キリストの代理人〟として国政と教会支配のすべてを行う「神政一致」（皇帝教皇主義）を特徴とする。

8世紀、キリスト教五本山の1つであったコンスタンティノープル教会は、教義の解釈でカトリックと意見が合わなくなって、カトリックから分離した。そしてビザンティン帝国皇帝の保護を受けて「我こそは正しい教え（=正教）」という意味で、ギリシア正教をスタートさせた。

ちなみに何で「ギリシア」とされるのかというと、ビザンティン帝国が「東ローマ」と呼ばれてはいるものの、その支配地域にはギリシア人が多く、事実上ギリシア的な文化が形成されていたからだ。

しかしビザンティン帝国は、地中海貿易の要衝であったため他国から狙われやすく、ササン朝ペルシアやスラブ人の南下政策に悩まされていた。その流れでビザンティンにもスラブ人が流入し、やがてスラブ人のキュロス兄弟が〝スラブの使徒〟となり、東欧やロシアへの布教が始まった。

ロシアではその後、990年にギリシア正教を国教化し、さらに1472年、ビザンティン帝国滅亡（1453）の後を受けて、ロシア皇帝がギリシア正教の教皇となった。それを受けて、総主教座もコンスタンティノープルからモスクワに移った。

ちなみに今日、「ギリシア正教」と「ロシア正教」の名が混在しているが、宗教として

■欧米のキリスト教の宗派分布図（2016 年現在）

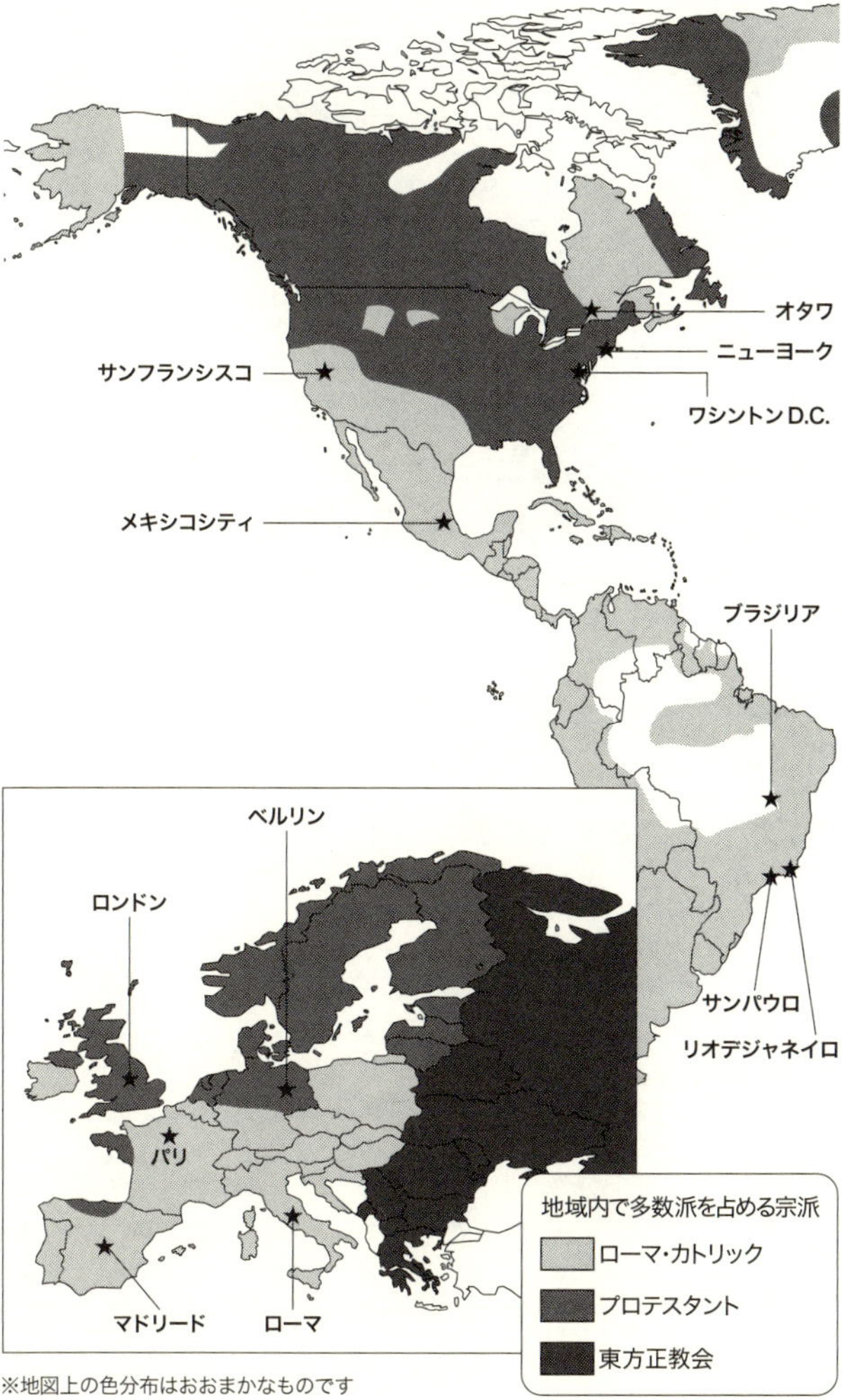

※地図上の色分布はおおまかなものです

の正しい呼び名は単に〝正教〟。つまりギリシアとロシアで、それぞれ「別組織が教える同じ宗教」ということだ。

しかしそのロシア正教、その後のロシアの歴史を考えればわかるように、このあと不遇の時代を迎えることになる。まず19世紀のロマノフ王朝時代には、ロシアの領土拡大地域への布教、つまり「皇帝の政治的道具」として利用された。そして1917年のロシア革命後は、ついに弾圧の対象となってしまった。

モスクワの赤の広場に立つロシア正教会の大聖堂・聖ワシリイ大聖堂

社会主義の唯物論は、宗教と相性が悪い。宗教は「神が人間を創った」と言うが、唯物論は「物質である人間の脳が、神という観念的要素を生み出した」ととらえる。加えてマルクスは「宗教は阿片《あへん》だ」と言った。宗教は諦めや慰めを説き、現状を変える努力を阻害する。いろんな意味で社会主義は、宗教とそりが合わない。

革命後、社会主義国家となったソ連では、ロシア正教への弾圧が始まった。修道院は比喩表現ではなく強制収容所にされ、僧侶は銃殺、大聖堂もスターリンにダイナマイトで爆破された。ロシア正教は存続の危機に陥り、内部は分裂して「社会主義への歩み寄り／国外亡命／地下活動（カタコンベ系）」のいずれかを選択するしかなかった。

しかし冷戦終結後、ロシア正教への弾圧は終わり、今日はようやく元の〝キリスト教第三の勢力〟の座に戻ることができた。いま同宗教は「国教ではないが特別の配慮を受ける宗教」となっている。

科学が花開いた世界で、それでも神が信じられる理由

その後のキリスト教がヨーロッパの「資本主義」発展に貢献したという話はすでに見てきたが、それでは「科学」との関係はどうだったのだろう。キリスト教は科学の発展にも貢献できたのだろうか。

結論から言うと、キリスト教は科学に「貢献」したのではなく科学と「棲み分けた」。

そもそも科学と宗教は、食い合わせが悪い。科学や理性は「頭」で宗教は「心」と、それぞれ担当部署が違う。科学や理性は簡単に「神を殺す」が、心は神を求め、神に居場所を与える。なら科学が「神の存在証明をしようぜ」なんて野暮なことを言い出す前に、科学とは別ジャンルの「安らぎの源」として、完全に棲み分けてしまった方がいい。その方が、お互いにとって幸せだ。

こうして、科学が急速に発展した近現代においても、キリスト教は滅びず、まったく別の価値観として存続することができたのだ。

しかし、この章の冒頭で、単純に「ああ、キリスト教国だからこうなったのね」とは言えないと書いた。事実、キリスト教がベースにあるものの、欧米では各国独自の方向にその〝性格〟を育んでいく。そうした中で、その土地ならではの哲学なり思想が花開いていった。

では、どういう方向に変化していったのか。次章からは、各国の思想と宗教観を見ていく中で、その足取りを辿っていこう。

2章

強さと脆さを併せ持つ「アメリカ」の正体

――勝者と敗者を残酷に分かつ国の「宗教」と「思想」

アメリカ人は、フレンドリーで親しみやすくておおらかで、初対面でもニコニコ握手して自己紹介し「よろしく！」などと言う。

イギリス人や日本人にはない、うらやましいばかりの無邪気さだ。我々島国人はシャイで人見知りだから、初対面のあいさつ1つにも回りくどい儀式が必要だ。イギリス人はさして興味もないお天気の話題から入り、日本人は「とりあえず笑っとけ」みたいなペラッペラな笑顔を浮かべてじりじりと相手の出方をうかがう。でもアメリカ人はド直球であいさつし、いきなりハグ。何だこいつら。

さらに彼らは、非常にオープンだ。思っていることや気づいたことをすぐ口に出して言うし、自分の長所や業績も、臆面もなく人にアピールする。考え方も基本的にポジティブ・シンキングだ。彼らがアメリカ人留学生としてクラスの一員になったら間違いなく人気者だが、もし日本人でこんな奴が転校してきたら、そいつは空気の読めない頭のおかしい天狗野郎として煙たがられ、たちまちスクールカースト上位者たちに目をつけられて「あいつ今日から空気ね」の指令が下る。

しかし、こんなふうに無邪気で子供っぽいアメリカ人だが、一方で暗い側面もある。アメリカは世界でも珍しい「銃の所持ＯＫ」の国だ。

僕らはハリウッド映画の観すぎで、ついつい「西洋風の顔立ちの人＝全員ガンマン」と思い込んでしまっているが、実は世界の主要国で銃を所持できる国は、かなり少ない。欧米でいうなら、アメリカ・スイスでは銃は持てるが、イギリス・フランス・ドイツ・カナダでは基本、持てない。

アメリカの文化の中心地ニューヨーク、タイムズスクエアの華やかさ

銃の見本市の様子。悲惨な事件が起きても銃はアメリカの日常に根付いている

銃を持ちたがる人というのは、過去に危険な目に遭ってきたか、自分の身は自分で守るという自助の意識の強い人だ。アメリカは、この両方にあてはまる。

なぜアメリカ人は、こんなにもピュアで無邪気になったのか？　また過去に、どんな危険な目に遭い、何がきっかけで自助意識が高くなったのか。それをこれから見ていこう。

アメリカには、「1本の柱」となる思想がある

アメリカに「本当のアメリカ人」と言える人は少ない。よく知られているように、本当の意味でのアメリカ人とはインディアン、つまりネイティブ・アメリカン（アメリカ先住民）のことである。

じゃ今我々がアメリカ人として認識している西洋系の人々は誰なのか？　それは、かつてヨーロッパから移住してきた入植者たちだ。そう、アメリカはかつて、イギリス・フランス・スペイン・オランダの植民地だったのだ。

この中で、今のアメリカをつくったのはイギリスだ。アメリカ内で13カ所の植民地を築いたイギリス系の入植者たちは、イギリス本国からの圧政に反発して、1775年より独立戦争を行った。そしてそれに勝利して、1783年アメリカ合衆国を建国した。その後アメリカは、フランス・スペイン・オランダから、彼らが植民地としていた土地を買い取

り、ついに今日のアメリカ合衆国を形づくったわけだ。

イギリスから初めてアメリカに入植者がやってきたのは１６００年代（17世紀）のことであり、その中にはピューリタン（清教徒）も多く含まれていた。

ピューリタンとは「イギリスのカルヴァン主義者」のことであり、結果的には彼らが入植してきたことが、アメリカの〝開拓精神（フロンティア・スピリット）〟の原動力となっていくのである。

宗教改革後の16世紀、イギリスでは新教と旧教を折衷した「英国国教会」が誕生した（詳しくは「イギリス」の章で後述）。これは、ピューリタンにとっては不満だった。なぜならそこには旧態然とした教会の腐敗が残っており、厳格で禁欲的なカルヴァンの教えをよしとするピューリタンから見れば、不十分な改革にしか見えなかったからだ。

ピューリタンは、国教会を批判し続けた。そしてそのせいで国王から弾圧・迫害されてしまい、アメリカへの移住を余儀なくされてしまったのだ。１６２０年、「巡礼の始祖」（ピルグリム・ファーザーズ）と呼ばれるピューリタンを含む１０２名（内、約3分の1がピューリタン）が、メイフラワー号という船で、アメリカに渡った。

新天地に到着したピューリタンたちは、希望に燃えていた。ここには自分たちを理不尽に追い出したにっくきイギリス国教会はない（※正確には「いるけど、イギリス本国ほどピューリタンを抑圧する力はない」）。彼らは本国イギリスとは独立した政府をつくり、イギリスでは築けなかった「信仰の自由の実現した理想の地」の建設に向けて、とにかく勤勉に、使命感をもって努力した。

しかし彼らの生活には、常に困難がつきまとった。自然環境にはなじめない、見たこともない生物がいる、先住民とのトラブルは絶えない、他国からの入植者ともひと悶着ある……。しかし彼らはくじけなかった。それどころか、むしろ困難へのチャレンジを楽しむある種の楽天性まで見せて、これらの危機を乗り切っていった。

この楽天性とは「困難の先には明るい未来があるはず」という楽天性だ。彼らは、自分たちの勤勉な努力が明るい未来をもたらすことを、信じて疑わなかった。それはまさに、ピューリタンの宗教的信念に裏打ちされた確信といえるものだった。

〝貧困大国アメリカ〟を生んだ宗教的背景とは

ピューリタンの倫理観がアメリカン・スピリッツに与えた影響は大きい。彼らが「自由の国」を標榜するのも、自由を求めて頑張り続けたピューリタンの働きがあったからだし、自分の身は自分で守るといった自助の精神だって、ピューリタンらしい厳格さからきた「自由に伴う責任」の考え方だといえるだろう。

そして、そのピューリタニズムに起源をもつ「自由」が競争社会を肯定し、いわゆる〝アメリカン・ドリーム〟というものを生み出した。つまりアメリカでは、どんな人にも自由な機会は与えられる。それを活かせば、夢はかなうという希望だ。

2011年9月から発生した格差是正のためのデモ「Occupy Wall Street」で声を上げる人々

しかしその反面、過度な自由は福祉水準の低下につながってしまった。つまり自由に動き回った結果は常に自己責任になるわけだから、競争社会に敗れた人間は、自分で自分の人生の尻ぬぐいをしろという理屈だ。

そのせいで今日のアメリカは、先進国なのに公的な医療保険制度もない、世界一の格差社会になってしまっている。難しい問題だね。

アメリカ政界で存在感を増しつつある「宗教右派」の狙い

ピューリタンの倫理観がその精神的支柱となって成長してきたアメリカだが、現代のアメリカ人の信仰心はいかほどのものか。

アメリカ人は欧米人の中では信仰心が薄い——何となく見た目のチャラチャラしたイメージだけでそう思っている人が多いが、それは違う。実は世界の中で、アメリカ人ほど信仰心の篤い国民はいない。

国民の約8割が神の存在を信じ、約半数が天地創造を信じる。ダーウィンの進化論など10人中4人が否定し、テネシー州では20世紀の初頭に、進化論を教えたとして生物の臨時教師が有罪になったこともある。国民の8割が天国や地獄を信じ、悪魔の存在を信じる。アカデミー賞やグラミー賞を取ると神に感謝し、同時多発テロ後のアルカイダ討伐では、ブッシュは「十字軍」という表現を使う。

ここまでくると、もはや建国時のピューリタン精神のなごりだけでは説明がつかない。

厳しい未開の大陸には宗教が必要だったのか、あるいは政財界の大物にクリスチャンが多いせいなのか、どれが理由かはわからない。とにかく僕らの想像を絶するほどのキリスト教大国、それがアメリカだ。

アメリカで最も多いクリスチャンは、歴史を考えてもわかる通り当然プロテスタントだが、これもそう簡単に割り切ることはできない。まず英国国教会とそりが合わないピューリタンが新天地を求めてアメリカにやってきたわけだが、よく考えたらアメリカは元々イギリスの植民地。ということは、当然英国国教会もアメリカにやって来ている。しかも「新天地」の魅力は他国で劣勢なものも引きつけてしまうため、ドイツからはカトリック系の移民も入ってきた。

このように、アメリカは新天地であるがゆえに、ヨーロッパであらかた白黒ついたはずの新旧対決を、もう一回繰り返させることになった。しかし最終的にはプロテスタントが優勢になり、特にその中の「バプテスト派」（教会間に上下関係なく、教会ごとに自主独立／牧師と信者はみんな平等）と「メソジスト派」（几帳面な信仰生活がモットー）の2つが、1、2位の勢力となった。

これらはその後の19世紀頃、科学の発展や産業革命の進展により信仰が崩れることへの危機感から、反動で「原理主義」（聖書の字句を厳格に守ろう）や「福音主義」（原理主義と同方向。ただしそこまで厳格ではない）などを生んだが、「時代遅れで無知」のレッテルを貼られ、政治への関与を避けるようになる。

ところが彼らが1970年代後半より、政治色を強くする。1960~70年代といえばリベラル全盛の時代。ウーマン・リブ、黒人の公民権、ベトナム反戦運動などで社会の価値観が動揺した上、若者の間ではヒッピー、コカイン、フリーセックスが蔓延した。これはまずい！　このままでは古きよきアメリカが崩壊してしまう——この危機感に対処するために、福音主義者たちが立ち上がった。彼らはケーブルテレビで「テレビ伝道番組」を立ち上げて大衆伝道し、アメリカ文化が危機に瀕していることを訴えたのだ。

その効果は絶大だった。ショーアップされた番組内で熱く語るテレビ伝道師たちは、テレビというメディアの力でカリスマ性も過剰に演出され、たちまち国民の心をつかんだ。この福音主義者たちを代表とする「行き過ぎたリベラルへの反動」が一般市民の間に「モラル・マジョリティー」（保守的キリスト教徒による政治団体）を形成させ、こうして形成された大きな保守勢力が、同じく保守の共和党・レーガン政権を後押しした。これが1980年代より、アメリカの政治に大きな影響を与えることになる「宗教右派」の動きである。

宗教右派は、母体がプロテスタントではあるが基本的に保守で、要求内容がカトリックと似通っている。彼らは特に「家族」の伝統的価値観を重視し、中絶や同性愛には反対、銃規制にも反対の立場を取る。

民主党のヒラリー・クリントン議員の言葉を引用し、ゲイの権利向上を訴えるデモ隊

近年のアメリカの政治では、この宗教右派が「ネオコン（新保守主義）」と結びつき、共和党のタカ派路線を支えるケースが多くなった。

ネオコンとは「元左翼から〝回れ右〟した保守層」で、自由主義を世界に広める強気な外交路線で知られている。彼らの思想が政権の中枢に入り込み、しかも保守的な宗教右派とも共鳴したおかげで、共和党ブッシュ政権の時代には、特に中絶や同性愛に反対、ビンラディンやサダムフセインは叩けという風潮が強まった。

ちなみにオバマ政権は民主党のため、これらの支持は受けていない。だから直近のアメリカでは、徐々にではあるが同性婚を認める州が増えてくるなど、ブッシュ時代とは違った動きが増えてきている。

プラグマティズム——アメリカを支える〝超・実践哲学〟

ここまでは「キリスト教とアメリカ」という視点で見てきたが、実はピューリタンのフロンティア精神は、厳しい未知の環境を生き抜くために、キリスト教以外に1つの哲学も生み出した。プラグマティズムだ。プラグマティズムとは「実用主義」。つまり、真に価値のあるものは、実用的な効果をもつものだけとする考え方だ。

アメリカは、どこから何が飛び出してくるかまったくわからない、未知の新大陸だ。そんな危険な場所を開拓するフロンティアにとって、ヨーロッパの観念的な哲学などは、ただの「机上の空論」だ。生きる上で何の役にも立たない。いかにカント哲学を極めたところで、目の前のワニや熊はいなくなってはくれないのだ。

アメリカに必要なのは、ヨーロッパの頭の中でこねくり回しただけの哲学じゃない。「使える哲学」だ。彼らにとって最も大事なのは「生きること」。なら必要なのは使える知識。

決してヨーロッパの書物ではなかったのだ。

プラグマティズムでは、実用的効果のあった事柄だけを真理とする。その基本となるのが「仮説と検証」だ。「仮説」は「この事柄は真理か否か」という問題提起、「検証」は社会的実践を通じた、実用的な効果の確認だ。

例えば「早起きは三文の得」という諺《ことわざ》があるが、この諺が真理か否か問題を提起することを「仮説を立てる」という。そしてその確認のために、実際に早起きする。これが「検証」だ。そしてその早起きの結果、例えば「道で100円拾った」のなら実用的効果があったから諺は真理、逆に「一日中寝不足で疲れた」ならばマイナスの効果しか出ていないから真理ではない、ということになる。

このように、プラグマティズムでは、真理は1つとは限らない。ケース・バイ・ケースで、真理が何個も出てくることがある。

プラグマティズムでは、「真理は1つしかない絶対的なもの」なんて決めつけはしない。こんな決めつけ、未知の大陸で生き抜くためには「使えない」。

生き抜くために必要なのは、絶対的真理ではなく、柔軟な思考。これがプラグマティズム特有の「相対的真理」という考え方だ。

こういう思想が生まれてきた背景には、彼らが元々イギリス人だったというのもある。イギリスといえば、後ほど詳しく紹介するが、経験論や功利主義の国。片や実験・観察を重視し、片や「快楽や幸福をもたらすもの＝善」と考える。確かにこれらの考え方は、本質を見極めようとする深遠な他のヨーロッパ哲学より、即物的で合理的だ。

それからプラグマティズムは、産業革命とも関係する。

本家イギリスの産業革命に続いて、アメリカでも南北戦争（１８６１～65）の後、産業革命が急速に進展した。

経済が発展し、物質的に豊かになることはいいことだ。しかしそうなると、従来までのピューリタンの価値観と科学や技術の発展が、うまくかみ合わなくなってくる。ピューリタンの「頑張るのはいいことだ」と科学技術発展の「便利になるのはいいことだ」が矛盾するのだ。つまり勤勉なピューリタンにとって、科学で便利になって楽をするのは、罪悪感を伴うことなのだ。

これらを調節するために、プラグマティズムが生まれたともいえる。つまり両者に相容れない部分はあれど、最終的に「実用的効果となって表れるのはいいことなんだから納得しよう」という考え方だね。これも「最後に明るい未来が待っているはず」というピューリタンらしい楽天性だ。しかし、このようなフロンティア精神あふれるプラグマティズムとは別の論理で、アメリカの外交は進んでゆく。

「孤立外交」の国を「世界の警察」に変えた思想の変遷

アメリカ外交は1823年より「モンロー主義」を採用した。

モンロー主義とは「ヨーロッパとの相互不干渉」外交で〝孤立外交〟ともいう。アメリカ第5代大統領ジェームズ・モンローが、大統領教書の中で発表した。

ヨーロッパと干渉し合わないとは、どういうことか？　アメリカは国民の大半がヨーロッパ各国からの入植者だから、ヨーロッパで起こる紛争に介入するのはまずいのだ。そんなことをしたら、国内のいろんな勢力間でいざこざが起こり、しなくてもいい内紛にまで発展してしまう。

それ以外にも、アメリカは国家として若すぎるため、老獪《ろうかい》なヨーロッパ諸国に外交で手玉に取られるのを嫌ったというのもある。せっかく地理的に遠いんだから、無理に接点をつくらなくてもいいという考え方だ。さらにはアメリカの場合、まだまだ国土の大部分が未開発なのだから、外交に躍起になって新たな植民地を開拓するより、まずは国内の開拓を進めようというのもあった。

しかし1890年、アメリカが「フロンティア消滅宣言」を出したあたりから、状況が変わってきた。この宣言は、それまで未開の国土が広がっていたアメリカが、ついに開拓完了を宣言したということだ。

今までは「国内開拓＝植民地開発」だったアメリカが、国内開拓を終えたということは、当然次はこうなる。「植民地を海外に広げたい」

アメリカはその後、モンロー主義の手前もあるため、ヨーロッパの植民地とバッティングしないグアム・ハワイ・フィリピンなどへと、食指を伸ばし始めた。しかしだんだん欲が出てきて、ついに1899年、国務長官ジョン・ヘイが「門戸開放宣言」を出した。これは簡単に言うと、アメリカも今後は中国利権に一枚噛ませてもらいますよという、日欧に対する「植民地レースへの参加表明」だ。

こういう流れで、一次大戦の終盤にはついにアメリカも参戦し、孤立外交は事実上終了した。そしてそのスタンスのまま第二次世界大戦が始まって、それが終わると、今度は冷戦。つまり孤立外交に戻るにしろ国際協調路線をとるにしろ、まずは目の上のタンコブ・ソ連を排除しなければならないという衝突だ。

しかしその冷戦もようやく1989年に終了し、アメリカは孤立外交か国際協調のどちらかを選ぶと思ったら、今度は「単独行動主義（ユニラテラリズム）」に走ってしまった。ソ連消滅により、今やアメリカは世界唯一の超大国。もはや誰もアメリカを止められない。しかも2001年には「同時多発テロ」があり、アメリカ史上初めて「本土が本格的に攻撃」された。

これでアメリカはすっかり視野が狭くなり、この頃から国連安保理の決議を無視した軍事行動に走ることが多くなった。つまり「俺以外の国連五大国である英・仏・中・ロが止めても、俺はテロ組織やイラクを叩く。文句があるならかかってこい！」ってことだ。

しかしそれも2003年のイラク戦争での「勇み足」（「大量破壊兵器があるからフセインを叩く」と息巻いていたのに、イラクから大量破壊兵器は発見されなかった）で頭を冷やされ、近年は多少おとなしくなってきている。

アメリカ人の倫理の土台を作ったのはピューリタンであり、その行動指針をつくったのはプラグマティズムだ。しかし政治の指針は、彼らをとりまく地理的要因や歴史的要因、多民族国家という現状が、複雑にからみ合って形成されたといえる。だからアメリカ人は、わかりやすくフレンドリーなマインドと、それと矛盾する「心を閉ざしたような外交」が交錯するように見えるわけだ。

COLUMN

アメリカはなぜ「訴訟大国」なのか？

アメリカが訴訟大国である理由は、宗教や哲学にはない。単に人種が雑多なせいだ。アメリカは新大陸だったから、過去に様々な国からの移民を受け入れてきた。そうすると同じアメリカ人なのに、文化や習慣、考え方がまったく違う人々と共に暮らさないといけなくなる。

例えば僕らが住んでいる日本の中に移民が多くいて、ユダヤ教をベースにした都市やイスラム教をベースにした都市がいくつもあったとする。その時僕らは、当事者だけの話し合いでトラブルを解決する自信があるか？　答えは「ノー」だ。

なら共通ルール（憲法や法律）で全員を拘束した上で、裁判するしかないね。訴訟による決着はドライで人間味に欠けるが、いちばん客観的で合理的な解決が期待できるからね。

3章

「イギリス」が何よりも重視する〝快適さ〟とは

——やってみるが、突き詰めることはない国の「宗教」と「思想」

イギリスといえば紳士の国だ。人々は礼儀正しく物腰も柔らかく、行列にもちゃんと並ぶなどとても行儀がいい。

でもその反面、イギリス人は皮肉っぽくて文句が多い。ゴシップを好み、ブラックジョークが大好きだ。

特に王室系のゴシップやジョークは大好物で、何かスキャンダルがあると『The Sun』や『Daily Mirror』などのタブロイド紙が飛ぶように売れる。タブロイド紙とは「東スポ的な新聞」のことだが、紳士が売りのイギリスだけにエロ記事はなく、電車で堂々と読むような下品な人はいない（彼らからすると、電車で堂々とエロ記事広げる日本のおじさんは、メンタルがどうかしている）。パブで酒を飲む時でも、ビール片手にニヤニヤしながら、日本なら黒い街宣車にわっと囲まれそうな際どい王室ジョークを連発し、それがウケるとしたり顔でニンマリする。

ＢＢＣ制作の人気コント番組『モンティ・パイソン』でも、王室の権威は番組内でさんざん茶化された後、全力で地面に叩きつけられる。マジかお前ら国営放送だろ？　マッチ棒みたいな兵隊に撃たれるぞ――でも撃たれない。兵隊も喜んでる。たぶん王室も喜んでる。本気で怒って投書してくる善良なイギリス人もいるが、それもコントで茶化す。どこまでも紳士面《づら》して人が悪い。それがイギリス人だ。

でもこういうブラックジョークって、抑圧された環境下で盛り上がるものじゃないのか？　僕もブラックジョークは「気の利いたグチ」、つまり権力者から隠れて盛り上がるひそひそ話みたいなものだと思っている。

シャーロット王女を抱くウィリアム王子。右隣に妻のキャサリン妃、祖母のエリザベス女王が並ぶ

でもイギリス人は、別に抑圧されていない。それどころか歴史上初めて専制君主の首をはねた、市民革命の先駆者だ。自分の手で自由を勝ち取ってきたんだから、言いたいことは堂々と言えばいいはずだ。

なのにイギリスには、倒したはずの王室がまだあって、人々はそこに対してニヤニヤしながら陰口を叩く。何だその歪み⁉　プレイ？　僕はその根っこに、彼らの「島国根性」があると思っている。

「島」という地政学的要因が、イギリスの国民性を築いた

「島国根性」という言葉がある。島国は周囲を海で囲まれているため他国との接触が少なく、そのせいで「村社会」が形成されやすい。だから島国人は〝自国民は身内と同じ、他国の人にはよそよそしい〟というシャイな人見知り人間になる。これは説明するまでもなく、僕たち日本人の特徴でもある。

そう考えれば、彼らの皮肉っぽい物言いも、島国人だからと思える部分もある。ムラビト気質の島国人は内向的になりやすく、そのせいで人との接し方に自意識過剰な部分が出る。日本人の場合は、初対面の人や外国人に「とりあえず笑顔」だけ見せて、ヘラヘラしながら本心を閉ざす。イギリス人はそういう場合、ストレートな物言いができず、ひねくれためんどくさい表現で接するのだ。

だから彼らは、本当は王室のことが大好きなくせに、「ウィリアム王子を理想の王子にするためにも、ダイアナはチャールズではなくアルパカと結婚すべきだった。そうすれば彼はフサフサになっていたのに」などと言うのだ。

そして誤解を恐れずに言うと、島国の人間は、大陸の連中ほど必死に生きていない。なぜなら島国は、国土が海という天然の防壁に囲まれているため、隣国に寝首をかかれる心配が少ないからだ。

もちろん島国の人間だって、自分らなりに全力で必死に生きている。でもどうしても、大陸部の必死さとは度合いが違ってくる。大陸部の人間は、好むと好まざるとにかかわらず他国と接し続けるしかない。でもイギリスや日本は、イヤなら門戸を閉ざせばいい。明らかに楽だ。だから僕らには、騎馬民族に国境を破られる恐怖が理解できないなど、いろんな意味で現状に対する危機感が薄くなる。

イギリスや日本で「大きな変化」が起こりにくいワケ

そして危機感の薄い国では、変革の必要性も切迫したものにはなりにくい。それよりも、求めるものは「快適さ」。だからイギリスの思想は、「生きるための知恵」よりも、いかに生活を便利で快適なものにするかに主眼が置かれるのだ。

「死にたくないから変える」と「快適になりたいから変える」――こりゃ左門と花形の違いだな。左門は飛雄馬の大リーグボールを打てないと5人の弟妹が路頭に迷うが、花形は

「打てれば気持ちいいな」がメインであって、打てなくても路頭に迷うことはなく、その時は花形モーターズを継げばいいだけの話だ。いかに本人たちが表面上必死であっても、背負っている現実と覚悟と悲壮感が全然違う。

ここまで強い覚悟が原動力になってなかったためか、イギリスの市民革命や産業革命は、世の中を根こそぎ変えるところまでやり切っていないように見える。もちろん先人たちの血と汗と涙の結晶だから、想像を絶する苦労と努力があったことは理解できるし尊重する。でも彼らの能力からすると、全力が出し切れてるようには見えない。これは彼らが先駆者として「やってみる」のが大好きなだけに、もったいない。

彼らは市民革命を「やってみる」が、王政廃止までは突きつめない。

彼らは産業革命を「やってみる」が、世界征服までは突きつめない。

難しいのは百も承知だが、それでもイギリスが本気出せば、やってやれなくはなかったと思う。でもそこまではやり切らない。たぶん彼らの心の奥底に〝変えたくない〟って意識もあるんだろうな。島国人は村人だし、村人は保守的だから。その結果、みんなそこそこのところで満足し、その後現状にそこそこ不満を抱く。こうして形成されたのが、余裕すら感じられる「陰口文化」なのだ。

ではこのようなイギリス人の国民性に対して、その宗教であるキリスト教や、哲学である経験論・功利主義・進化論系の思想などは、一体どういう影響を与えてきたのだろう。それを確かめるべく、まずはこれらの内容を1つ1つ検証してみよう。

英国国教会――「世界で最も保守的なプロテスタント」

イギリスはキリスト教国だが、他国と違って「英国国教会」が支配している。英国国教会は、国王ヘンリー8世が行った「上からの宗教改革」の結果誕生した、イギリス国民に信仰を義務づけた緩めのプロテスタントだ。

誕生のきっかけは、しょーもない理由からだった。ヘンリー8世は当初、ルターの宗教改革を非難するなどカトリック寄りの人物で、当時のローマ教皇レオ10世の覚えもめでたく、「信仰の擁護者」の称号を受けるほどだった。

しかしその後、困った事態が発生する。ヘンリー8世の離婚問題だ。カトリックは「離婚・中絶・同性愛」などを認めないが、どうしても離婚したい。俺の離婚はカトリックの教義的にはアウトだが、さすがにここまでの貢献度を考えたら、今回ばかりは特別扱いしてもらえるだろう——ヘンリー8世は甘く考えていた。

ところがその甘い期待は裏切られ、教皇は離婚を認めなかった。そこでヘンリー8世は、離婚を成立させるためにカトリックとたもとを分かち、国王主導のプロテスタント教会「英国国教会」を立ち上げたのだ。

これは確かに国王主導でカトリックからプロテスタントになっているから、形の上では「上からの宗教改革」だ。でもこんなんありなの？　しかも王は、別に信仰の純粋さを取り戻したいわけではなくただ「カトリックでない私」になりたいだけだったから、非常に中途半端な宗教改革となった。

テューダー朝第２代のイングランド王・ヘンリー８世（1491～1547）

しかもプロテスタントの基本は「信仰の自由」だから、国民に国教会への信仰を強制するのもおかしい。結果、英国国教会は、プロテスタントだけれどもカトリックの儀式重視や強制の要素もたっぷり残した「世界で最も保守的なプロテスタント」というよくわからない代物になった。

せっかく保守的なカトリックへの反発から宗教改革が起こってプロテスタントが生まれたのに、国教会はその良さを完全に殺している。せっかく辛口のスパイシーなカレーを本場から輸入したのに「これがうちの国の〝おふくろの味〟だ」と、ドボドボとミソやしょう油やみりんを入れたような台無し感だ。

中途半端な「改革」が、2つの「革命」を生む原動力に

しかし、ここでまた問題が起こる。イギリスにヨーロッパ中からプロテスタント信者が集まり始めたのだ。

教義が厳格すぎてフランスやドイツを追われたカルヴァン主義者たち（※イギリスでは「清教徒（ピューリタン）」と呼ばれた）が「国王がプロテスタントを守ってくれる国・イギリス」をめざすのは、ある意味当然だった。

しかし彼らが夢見たプロテスタント王国は涙が出るほどユルユルで、文句を言ったら王から弾圧された。だから彼らは革命を起こし、王を倒した。それが「清教徒革命」だったのだ。

ちなみにこの時、国教会の緩さを見限って新天地を求め、メイフラワー号に乗ったアメリカ移住組がフロンティア・スピリットの源となり、国教会から分離せずに革命にたずさわった連中が、その後イギリスで勤勉に働いて利潤を求め、イギリス資本主義と産業革命の発展に貢献したのだ。その後イギリスでは、名誉革命を経た後、国教会以外も存在が認められる「宗教的結社の自由」が認められることになる。では、そんなイギリスで哲学はどういう変遷をたどったのか？

イギリス経験論――〝神の世〟を〝人の世〟に変えた思考の転換

経験論とは、知識の源泉を感覚的経験に求める立場のことだ。主にイギリスで発展したことから別名「イギリス経験論」とも呼ばれる。

感覚的経験とは「実験・観察」のこと。つまり経験論は、まず実験・観察を駆使することで科学的知識を身につけ、それを活用することで自然を利用・支配し、人間生活の改善に役立てようとする思想だ。

この経験論の祖にあたるのが、フランシス・ベーコン。彼は哲学者としてだけでなく、国会議員や裁判官としても高名だった変わり種で、特に裁判官としては、何とイギリスの大法官（最高裁長官）にまで上りつめた人だ。

ベーコンは、「人間最高の目的は〝自然の支配〟だが、そのためにはまず自然に〝服従〟することが必要だ」と言っている。

自然への服従――つまり彼は、自然を人間のために利用・支配するためには、まず自然についての〝知識〟を得ることが大切だと考えたのだ。

そしてその知識を得るための手段が「実験・観察」。このようにベーコンの思想は、非常にシンプルな「科学の当たり前」しか語っていないように見える。

「経験哲学の祖」と呼ばれる哲学者フランシス・ベーコン（1561〜1626）

しかしこれ、当時としては非常に斬新な考え方だったのだ。なぜならこの頃、自然は科学ではなく「神学」の一部だったのだから。

ヨーロッパでは4世紀末からの約1000年間、キリスト教の価値観、ローマ・カトリック教会の価値観が世の中を支配していた。1章で紹介した「中世」という時代だ。この時代、文学・芸術・科学などはすべて完全に教会の監視下にあり、もしも教会の価値観から外れるものが出てきたら、その創作者はたちまち異端審問にかけられ、よくて国外追放、悪ければ火刑に処せられていた。

つまりこの時代は、教会から「こいつ神学を支える気ねーな」と見なされた者は、容赦なくあぶられちゃったのだ。あぶられるのは熱い。そうすると、科学は理系的な学問ではなく神学、つまり神の啓示で一方的に説明されるものであり、人間の小賢《こざか》しい知識なんぞで改変できるようなものではなくなってしまったのだ。

しかしその後、ヨーロッパには「ルネサンス」の大きなうねりが押しよせる。ルネサンスとは〝文芸復興〟——つまり古代ギリシア・ローマ時代の文学や芸術を復活・再生させる試みのことだ。

なぜ古代ギリシア・ローマなのか？　それは古代ギリシア・ローマという時代が「キリスト教より前」だからだ。先述した通り14世紀あたりから、ヨーロッパでは十字軍遠征の失敗など、教会権威が崩れるような出来事が重なり、多少教会の価値観から外れたことを言っても、あぶられる心配がなくなってきた。

すると人々は、これまで示したくても示せなかった人間性や自由意志を、存分に発揮したくなる。でもいざやろうとすると、できない。なぜなら自由意志なんて、生まれて一度も発揮したことがないからだ。

いやそんなもの、自分だけでなくご先祖さまだって知らない。父や母、祖父や祖母に聞いたところで「そんなの知らない」と言われてしまう。だってヨーロッパには1000年もの間、自由意志なんてなかったのだから。

ならどうするか？　そこで彼らは気づく。「そうだ、キリスト教が生まれてなかった古代ギリシア・ローマ時代にまで遡ればいいんだ！」

確かにギリシア・ローマ時代の文学や芸術には、世の中から消えて久しい瑞々しい人間性や、まばゆく輝くきらきらした自由意志があった。そうかこれをモデルにすれば、我々も人間性を取り戻せるぞ——つまりルネサンスとは、ヨーロッパの人々が、長年のキリスト教支配のせいで失ってしまった人間性や自由意志を取り戻すための「心のリハビリ」の時期だったのだ。

そんな中、科学的なものの見方・考え方で人間性回復にひと役買ったのがベーコンなのだ。つまりベーコンは、経験論を通じて、神に代わる自然の支配者としての人間を提示し、その後の科学に「人間中心主義」（＝神に代わる自然の支配者・人間）という大きな流れをつくった人物なのだ。

さらにベーコンは、この経験論から「帰納法」を編み出した。これは「個々の事実から真理・法則を導く」というやり方で、実験・観察という〝経験〟を武器にした真理探究方法だ。具体的には、「6月には山形でも東京でも広島でも雨ばっか降るな。ということは、日本の6月は雨の多い月なんだ」というような思考のプロセスを辿る。

山形・東京・広島で「観察した事実」から「6月の日本は雨が多い」という「普遍的真理」を導いている。確かに帰納法だ。ベーコンはこの帰納法を、非常に重視した。だってこれこそが、〝知識〟という、自然を改変する力を得るための「新しい道具（ノヴム・オルガヌム）」になり得るからだ。

ただしベーコンは、実験・観察を重視することと同時に、「イドラ（偏見）」を排除することも強く求めている。確かにここまで実験・観察を重視する以上、その観察に必要な自分の目が偏見で曇っていたんでは、話にならないからね。

経験論者には、他にロック・バークリー・ヒュームらがいるが、こうした彼らの観念的でない哲学が、専制君主を打倒する市民革命や資本主義を発展させる産業革命を後押ししたことは間違いない。

つまりイギリスでは、カルヴァン主義的実践だけではなくこの経験論も、世界に先駆けてなされた〝革命〟という大いなる「実践」の契機になっているのだ。

功利主義――資本家に残された〝良心の呵責〟を拭い去ったもの

市民革命で絶対王政を倒すと、今度は資本主義が栄え始める。今まで目の上のタンコブだった暴君を倒したから、今度はブルジョア（資本家）が元気になってきたのだ。彼らは今まで社会的に許されなかった利潤追求に燃えて生産力に磨きをかけ、世の中全体に拝金主義的風潮が蔓延してきた。

普通ならば、拝金主義はキリスト教が求める「清貧」の道徳とかみ合わないが、幸いなことにカルヴァン主義は「利潤肯定」（というか利潤肯定の教義だからこそ資本家が元気になった）で、英国国教会は規律が緩い。何の問題もなかった。

そんな中、伸びてきたのが功利主義だ。功利主義とは「快楽や幸福をもたらすこと＝善」ととらえる思想で、ベンサムとミルが代表者だ。特にベンサムの功利主義は、イギリスの資本主義の発展に大いに貢献した。

彼の功利主義の特徴は「結果説」。つまり動機よりも結果にこだわる。どういうことかというと、カント哲学（詳しくは「ドイツ」の章で後述）が動機の道徳性にこだわるのに対して、ベンサムは結果的な幸福や利益・適法性などにこだわるのだ。

道徳性にこだわっていたんじゃ、金儲けはできない。つまりベンサムの理論は、当時イケイケだった資本家の良心をチクチクと苛《さいな》んでいた拝金主義を「結果よければいいじゃない」と肯定する思想となってくれたのだ。

しかも功利主義は、「最大多数の最大幸福」をスローガンとし、社会全体の幸福をめざす。決して利己主義ではない。これも資本家の救いになった。——そうかベンサム先生は、1人1人の快楽量の総和が社会全体の快楽量になるとおっしゃった。なら生産力をアップさせて社会全体を豊かにすれば、それを実現させられるぞ。つまり俺がやってる金儲けは正しいのだ——こういう形で、ベンサムの功利主義は、産業革命期のイギリスを肯定する思想として、大いにもてはやされた。

強い経済を支えるダーウィンとアダム・スミスの〝意気投合〟

さらにこの時期のイギリス経済を後押しする思想として、進化論系の思想があった。

進化論といえばダーウィンの『種の起源』（1859年出版）が有名だ。この本は英海軍ビーグル号に乗船したダーウィンが、ガラパゴス諸島で島ごとにゾウガメの甲羅に違いがあることから着想を得たとされている。

しかし実は、彼の進化論にもう1つ大きな影響を与えた思想があった。それがアダム・スミスの「自由放任経済」だ。

進化論を唱えた自然科学者チャールズ・ダーウィン（1809～1882）

『ワンダフル・ライフ』（カンブリア紀の化石を軸とした進化論の本）を始めとする数々の生物エッセイで有名なグールドは、「ダーウィンの自然淘汰説は、合理的な経済を求めたアダム・スミスの基本的主張を、生物学へ創造的に移し替えたものだった」と述べている。つまりダーウィンの進化論は、アダム・スミスの経済理論である「自由競争の原理」を生物学に持ち込んだものであり、自然の秩序は〝個体間の闘争の結果〟としてもたらされるものだと考えているのである。

そしてこの考え方は、スペンサーの「社会進化論」へと発展していく。これは「人間社会も生物界同様〝適者生存〟を基本として進化していく」というもので、これでイギリスの経済的強さは、ますます肯定されていくことになるのである。

このようにイギリスの哲学は、社会発展に大いに貢献するものばかりだった。しかしこまで見てきた思想は、どれも社会を変革するきっかけにはなっているが、イギリス人の国民性を形成する要素になっているようには見えない。

だって経験論も功利主義も進化論系の思想も、どれも非常に割り切りのいい思想で、とてもじゃないがこれらがきっかけであの世界一めんどくさいイギリス人気質が出来上がったとは考えにくい。

結局イギリスの哲学は、国民性を形成するものではなく、彼らが求める「快適さ」を実現するための〝道具〟として機能してきたものだったということだ。そうして彼らはそこそこ快適になり、そこそこ満足して今日も楽しげにグチを言うのだ。

4章

宗教に〝冷めた〟哲学大国「フランス」が生む対立

――理性を何よりも重んじてきた国の「宗教」と「思想」

フランス人は自国へのプライドが高く、議論好きで知的な人が多い。

プライドが高い——確かにフランスは、基本的に強者だ。決して常勝国家ではないが、要所要所では勝ちを逃さず、終わってみれば常に9勝6敗ぐらいで、優勝経験だって1回ある〝渋い大関〟みたいな国だ。

フランク王国時代（486〜987）には西欧世界の覇者となったし、百年戦争では王位継承に横やりを入れてきたイギリスを、ジャンヌ・ダルクが一蹴した。ナポレオンの時代だって強かったし、第二次大戦中にはドイツの侵略を許したが、ドゴール将軍率いるレジスタンスがドイツに逆襲し、ついにはパリを取り戻した。

内政面では、例えばユグノー戦争で新教と旧教がもめたり、市民革命後も共和政（王のいない政体）と帝政（王が支配する政体）を繰り返したりと、けっこうガタつくことが多いが、対外的には強者と呼んでいい国だ。

しかし所詮は渋い大関。この程度の成績では、横綱クラスに尊大な彼らの態度は説明できない。彼らは「俺らは最強国家だから、自国の歴史に誇りを持っているんだ」と言えるほど強くもなく、また「俺らの溢れんばかりの知性を見よ！」と言えるほど科学や哲学で傑出していたわけでもない。でもなぜか、実存主義や構造主義みたいな現代思想の分野に入ると、とたんに数多くの偉人を輩出している。

どうやらこれは、歴史や文化だけではなく、現代フランスで実践されている独特の哲学教育が、今の国民性をつくり出していると言えそうだ。

フランスでは、国家が哲学に〝肩入れ〟する？

フランスの高校では哲学が「必修科目」となる。日本とえらい違いだ。日本だと倫理受講生は「変わり者の少数派」扱いされるし、講師も日本史や世界史と違って虫けら扱いだ。いいなーフランス。フランスに亡命しようかな。

フランス人は高校在学中に必ず哲学を学び、それがバカロレア（フランス版センター試験）にも出題される。文系だろうが理系だろうが関係なし。とにかく大学に行きたいフランス人ならば、解くしかない。

しかもその問題が難しい。「君にとって自由とは？」「信仰と理性とは？」「真実とは？」――こういう問いに、用紙いっぱい答える。まるで禅問答だ。そういえば昔代ゼミの講師採用試験を受けた時、広い用紙に1行だけ「デカルトの物心二元論について説明せよ」

『随想録（エセー）』の表紙。人間のあらゆる営みに関する考察が述べられている

と書かれていたのを思い出した。あの宇宙に放り出されるような感覚は恐怖だったなー。こういうのは、覚えた知識を羅列するだけで対処できる問題じゃない。ここでは「自分で考える力」だけが求められている。

フランスではこのように、哲学を通じて、理性と思考力を育てる教育を重視している。元大統領ミッテランの公式肖像写真にも、その手にはフランス理性を代表するモンテーニュの『随想録（エセー）』がある。つまりフランス人にとっての哲学は、よりよい社会を構築するための学問として、国家が推奨するものなのだ。

なぜ国家がここまで哲学に肩入れするのか？　それは、フランス革命の原動力となった啓蒙思想の影響が大きい。

啓蒙思想――フランス人の一番根っこにある「理性第一主義」

啓蒙思想とは「無知・偏見からの理性による解放」をめざした思想だ。

世の中には、ろくに考えもしないまま当たり前にのみ込んでいる理不尽が実に多い。例えば王による専制支配、例えばカトリック教会による支配。でもそこに理性の光を当ててみると、それらが実はおかしいものだとわかる。

——何で王さまだけ特別扱いなんだ？　王も僕らも、同じ人間じゃないか。

——何で教会の言うことにだけ逆らえないんだ？　教会が人間をつくったわけじゃなく、人間が教会をつくったんじゃないのか？

これらを「伝統だからしょうがない」でのみ込んでいたんじゃ、人類には自由も進歩も未来もない。啓蒙思想とは、そうした当たり前の理不尽に「理性」の光を当て、人々を「無知蒙昧《もうまい》の状態から啓《ひら》く」ための思想だ。

啓蒙思想の代表的思想家といえばヴォルテール。彼は一流の劇作家として50年もフランス演劇界に君臨したが、風刺の効きすぎた作風のせいで2度投獄され、イギリスにも2年間だけ亡命した。

しかしその亡命が、彼の思想の転機になった。当時のイギリスは、すでに清教徒革命と名誉革命という2つの市民革命（専制君主を打倒するための革命）を経ており、個人の自由と法を尊重する空気が醸成されていた。おまけに英国国教会は、高圧的なカトリック教会よりも寛大だ（プロテスタントとしては物足りないが）。

これらは、いまだに専制君主の下で、身分制と封建制の「旧制度（アンシャン・レジーム）」から逃れられず、カトリック教会の支配からも逃れられないフランスとは大違いだ。ヴォルテールはこの亡命のおかげで、イギリスにあってフランスにないものを、たくさん学ぶことができた。

啓蒙主義を代表する思想家ヴォルテール（1694～1778）

そして彼は帰国後、イギリスの文物をフランスにどんどん輸入し、それらを〝革命の先駆者の思想〟としてどんどん紹介した。こうして啓蒙思想は、単に無知な人々に理性の光を当てるだけの思想でなく、その理性の導きで「革命を正当化する思想」へと、次第に研ぎ澄まされていったのだ。

単なる百科事典が「最も危険な書物」になった背景

その後ヴォルテールは、万能の天才・ディドロが編集長を務める『百科全書』の中心編集者となる。こうしてこの『百科全書』は、元々は単なるイギリスの百科事典の翻訳版にすぎなかったものが、2人が出会ってしまったおかげで、どんどんと世間に革命を焚きつける〝フランス一危ない書物〟へとヒートアップしていったのだ。

それにしてもただの百科事典が、いつの間にか〝革命の扇動書〟とは……。まるで『ドラゴンボール』だ。すげえ豪快な話の逸れっぷりだな。ただの冒険ファンタジーが、いつの間にフリーザやセルから地球を救う壮大なアクションバトル巨編になったんだ⁉「星はこわせても、たったひとりの人間はこわせないようだな」――こんなセリフを戦闘力53万のバケモノに吐くなんて、きっと第1話の悟空は想像もしてないぞ。

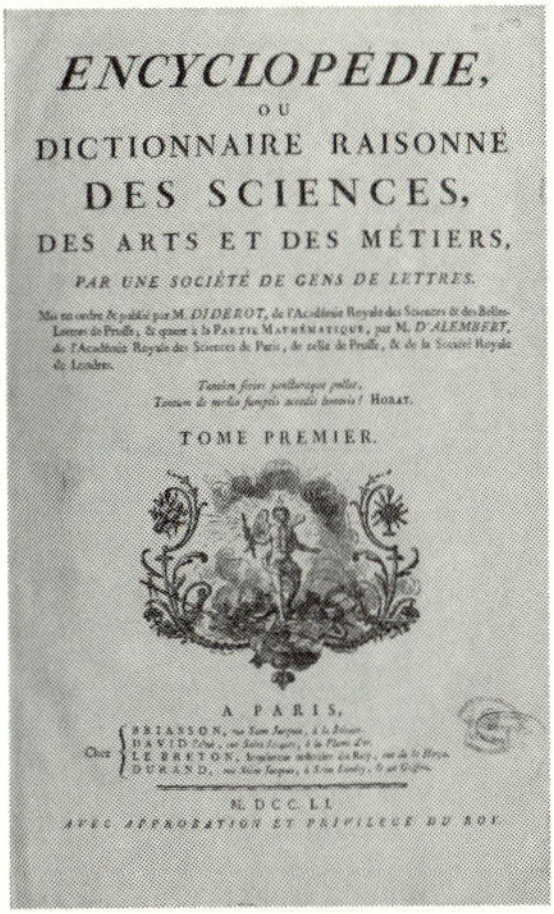

『百科全書』本巻第1巻の表紙。本巻だけで17巻もある

その危険な書物に、ルソーやダランベールなど先鋭的な執筆陣が集まり、『百科全書』はますます危なくなっていく。その後、国王や教会から弾圧を受けて地下に潜り、それでも執筆をやめず、気がついてみたら総巻数35巻、費やされた年数約20年、その内容は百科事典どころじゃなく、科学的思考

と哲学的思考をベースとする〝啓蒙思想の集大成〟的な大作になっていたのである。

このように『百科全書』は、当初の方針とは大きくずれてしまったが、フランス人民に「考え方の革新」を迫る書となり、そこで醸成された理性的な思考が、最終的にはフランス革命の原動力となっていく。このように、理性的な思考を根づかせようとする啓蒙思想家たちの努力が、フランス人民を革命へと駆り立て、彼らは見事自由を勝ち取ることができたのだ。

実証主義——革命後の混乱をおさめたリアリスティックな思想

しかし市民革命に成功した後、フランスは国王のいない共和政と、ナポレオンを皇帝とする帝政、さらには別の王による王政復古など、政治が安定しない混乱期が続く。そんな中現れたのが、コントの実証主義だ。

実証主義は、ベーコンの経験論と同じように「経験的事実」を重視する。世の出来事を何でもかんでも「神の思し召し」で済ませたり、頭の中の絵空事（＝観念的な要素）だけで説明してるようじゃ、人類に未来はない。なぜならそこには「あるがままの世の中」が映し出されていないからだ。

あるがままの世が見えなければ、改善のしようもない。だから大事なのは神でも観念でもなく「経験的事実」、つまり実験・観察を重視したベーコンの経験論、というより、それを礎に形成された「近代科学」に近いアプローチということになる。こうして社会を科学的にとらえることで、人類が悪しき未来に向かわないようにする。それがこの混乱多き時代に必要とされた実証主義だ。

つまり実証主義は、啓蒙思想がそうであったような「革命への導火線」ではなく、革命後の混乱を鎮静化するための「クールな消火活動」のような思想だったわけだ。

「あるがままの世の中を見る」かあ、簡単そうでなかなかできないことなんだよなこれ。

実存主義──「何のために生きるのか？」への挑戦

市民革命で自由を得、その後社会の混乱が収まってくると、いよいよ産業革命の時代。イギリスに遅れをとったが、フランスにもついにこの波が押し寄せてきた。

産業革命の進展で生産・社会ともに拡大したフランスは、その後急速に資本主義を発展させ、イギリス同様物質文明全盛の時代に入ってきた。

欲しいものが何でも買えて、生活も便利になった。文明も高度に洗練され、人々は垢抜《あかぬ》け、教育水準だって上がった。こんなの、ちょっと前じゃ考えられなかった。なんていい時代になったんだ――しかし何かが引っかかる。

やがてそれが何なのかに気づく。社会の規模が大きくなりすぎて、我々はいつの間にか、その巨大な社会にのみ込まれそうになっていたのだ。

「一体どーなってんだ⁉ 人間がつくったはずの社会なのに、いつの間にかその人間が、社会の歯車みたいになってるぞ。俺は交換可能な部品なのか？ 俺の代わりなんていくらでもいるのか？ そんなの絶対イヤだ。くそーどうすりゃいいんだ……」

そんな中、生まれてきたのが実存主義だ。実存とは「現実存在としての人間」、つまり実存主義は「人間の生き方を考える哲学」だ。

人間は誰だって、自分だけは特別な存在でありたい。でも巨大な社会は我々を部品化し、それを許してくれない。実存主義は、巨大化した社会にのみ込まれそうになった人間の危機感から生まれてきた哲学だ。

実存主義者には、今までの哲学になかった大きな特徴がある。それは「主体的真理」だけを追い求めるということだ。

主体的真理とは「自分にとっての真理」のこと。実存主義にとって、他人がどうなるかなんてどーでもいい。彼らが何とかしたいのは、とにかく自分。だから彼らは、世の中全体に共通する真理（＝客観的真理）など求めず、自分にとって真理であるような真理だけを求めるのだ。

この実存主義者の苦悩・葛藤を、「実存主義の祖」と呼ばれるキルケゴール（この人はデンマーク人）は、こんなふうに言っている。

「世界の真理が見えたところで、それが何の役に立つ？　私がほしいのは、自分にとっての真理、つまり自分がそのために生き、死ねるような真理だ」

この悩みはキルケゴールに限らず、社会の規模が巨大化していた当時のヨーロッパに共通する悩みだったのだ。実際、実存主義者にはいろんな国の人がいる。数的に多いのはドイツだが、フランスにも代表的な実存主義者がいる。サルトルだ。

神なき世界を生きるための「サルトル」の実存主義

サルトルは無神論者だ。神の存在を信じない。そして神がいないからこそ、人間は自由なのだと訴える。

「もしも神がいるならば、神は人間を創造する際、まず設計図（＝本質）を先につくり、それに合わせて現実の人間（＝実存）を創り出すはずだ（＝本質が実存に先立つ）。しかしこの世に神はいない。だから人間はまず設計図なしで誕生し、その後自分の人生の中で、自分の本質をつくってゆく（＝実存が本質に先立つ）」

神なき世界には「人間とはこんなもの」と我々のあり方を縛る設計図などないのだから、人間は自分のあり方をすべて自分で決められる。その意味で、人間はとても自由な存在だ――これがサルトルの考え方だ。

これは素晴らしい！　自由は確かに最高だ。でもサルトルの実存主義では、その自由がだんだんと重荷になる。

設計図がない以上、人間は何をするのも自由であるかわりに、何をやらかしても神さまのせいにはできなくなってしまう。

例えば誰かが窃盗で現行犯逮捕された時、こう言うかもしれない。「ほら、人間って罪深いものじゃないですか。だから私は盗みを働いてしまいました。お巡りさんどうもごめんなさい」――でもお巡りさんはこう言うだろう。「人間は罪深い？　誰が決めたんだよそんなの。神さまか、あ？　いねーだろそんなヤツ。お前がレジの金抜いて通報されたのは、単にお前が個人的に罪深かったから。何でもかんでも神さまのせいにしてんじゃねーよバカ。はい午前2時54分、逮捕」。つまり自由である以上、すべては自己責任。人のせいにできることは1つもない。これがサルトルの「自由と責任」だ。

そう考えると、僕らは自由を手放しでは喜べなくなる。自由は確かに解放的で前向きだが、全部が自己責任なうえ、不安で孤独で責任が重い。

そんな重たい自由なら、俺はむしろ自由でない方が楽だ——当然そう思う人も出てくる。でも、僕らがいくらそう思ったところで、僕らは自由を放棄したり、自由から逃れることはできない。だって神さまがいないんだから。サルトルはこれを「自由の刑」と呼んだ。つまり僕らは、自由という名の終身刑に服する囚人なのだ。

その後サルトルは、自由に伴う責任の取り方として「社会参加と社会の正しい変革」を提示し、それが1960年代の学生運動と結びついて、当時の運動を大いに盛り上げた。しかし、盛り上がりすぎた学生運動は次第に社会の反発を招き、政府から弾圧されるばかりかフランス共産党（PCF）や左翼系の文化人までもが弾圧を支持し、フランスでは次第に実存主義への幻滅が広がっていった。

構造主義――個の時代が生む「生きづらさ」への回答

そのような実存主義の衰退と入れ替わるように、その後のフランスでは、実存主義と対立していた「構造主義」が台頭してきた。

構造主義とは、人間を個人としてとらえず、社会構造を通じてとらえる考え方だ。代表的思想家はレヴィ＝ストロース。

考えてみると、ルネサンス以降の「人間」中心主義、実存主義の「個」と、ここんとこ僕らは人間にばかり目を向けてきた。しかし、構造主義が求めたものは「社会構造」。確かに、今の社会に多少なりとも行き詰まりを感じるならば、今までとは違った方向に目を向けるのは正しい発想だ。

しかし一体、社会構造を通じてとらえるとは、どういうことなのか?

例えば、よくある考え方に「西欧人は文明的、未開人は野蛮」みたいなのがある。これは一見正しそうに見えるが、構造主義的にとらえると誤りだ。これをもっと社会の根底にある深層構造からとらえると、こういうふうに見えてくる。

「西欧は〝熱い社会〟、つまり常に社会をよくしよう、よくしようという変革のエネルギーに満ちている。これに対して未開地は〝冷たい社会〟。こちらは現状維持をめざすための掟やタブーが数多くある」

おや、やっぱり西欧の方がよさそうだぞ――しかしすぐに気づく。「いや待てよ、西欧の変革のエネルギーは〝現状を変えたい〟ってことだから、これは現状に不満があるってことなんじゃないのか。逆に未開地では現状維持を目指している。これは〝変えたくない〟ってことだから、こちらは現状に満足しているってことか」

このように、社会を深層構造で見ると、今までと違ったものに見えてくる。こういう視点で、近代の人間中心主義や個ばかり重視する実存主義を批判し、さらには西欧ローカル丸出しの一方的な価値観に一石を投じたのが、構造主義だったのだ。

フランスが引っ張る世界の思想の最前線

構造主義は「社会構造」という今までにない視点を我々に提示してくれたが、残念ながら社会の構造をただ「傍観者」として眺めるだけのものであり、実際の社会変革にまではつながらなかった。

そこで台頭してきたのが、ポスト構造主義だ。こちらは今まで「よし」とされてきた真理や道徳にあえてNOを突きつけ、そこからの脱出を図るという考え方だ。既成の構造を崩して抜け出そうとする点で、従来の構造主義より前進したと見なされている。

しかし両者に大きな区別はなく、単に構造主義を改良しただけととらえることもできるため、新しい思想ではなく「後期構造主義」と呼ばれることもある。

ポスト構造主義では、「言語」へのこだわりを強く見せる。例えばデリダは、従来までの西洋哲学の基礎を崩し（＝脱構築）、新しい哲学を模索したが、その際「言語的明晰《めいせき》さを求めるのはやめる」と言っている。

確かに明晰な結論というものは、一見簡潔でかっこよく見えるけど、短くまとめられる中で、思考中に浮かんだ多くの可能性が切り捨てられる。デリダの哲学はその「明晰さとの決別」から始まって、何でもかんでも言葉で表そうとするロゴス中心主義、簡単に是非・善悪で割り切ってしまう二元論的な考え方、何でも神と関連づけるような目的論的考え方などを捨てることへとつながっていく。

またフーコーは、「社会構造をネガティブな側面からとらえる」というユニークな視点で評価された。つまりその社会構造の中で、何が肯定され評価されているのかではなく「何が拒否され何が疎外されているのか」に注目したのだ。

そして、そのネガティブなフーコー哲学のキーワードになった言葉が「狂気」。フーコーによると、かつての社会は狂気に対して寛容で、狂人は社会から「疎外」はされても「排除」はされなかった。ところが産業社会の発展とともに、狂人は理性的な社会システムへの不適合者と見なされ、社会から隔離された。その線引きをするのが、その時々の権力者がつくり出す秩序とシステムである——これがフーコーの考えだ。

しかし、これらポスト構造主義は、やたら難解で不明瞭な言葉を振り回すだけで中身がなく、些細なことにこだわっているだけだと酷評されることも多く、どちらかというと、哲学者よりも文芸評論家のような人たちに幅広く受け入れられているように見える。

このように、現代のフランスからは哲学者が多く生まれ、また国民全体も哲学するお国柄になった。これは、啓蒙思想と現代哲学教育の賜物であると言えるだろう。ただそのせいか、フランス人は外国人を見下しがち（お前ら哲学も勉強してないの？）で、悪口や屁理屈が達者になり、やたらと知的ぶる人が多いという困った面もある。でもフランスのよさをほめれば、たちまちフレンドリーに接してくれる。わかりやすい人たちだ。

世俗主義はなぜ「対立」を生んでしまうのか

最後に、フランスの宗教についても触れておこう。

哲学のことばかり書いてきたが、フランスには宗教はないのか？

乱暴な言い方をすると「ない」。正確には「ないに等しいくらいの寒い扱い」を受けている。

フランスは「世俗主義」で有名な国だ。世俗主義とは、政治が特定宗教に左右されず、聖職者とは真逆にいる世俗の権力（つまり国民の代表）に支配されなければならないという原則だ。フランスお得意の啓蒙主義的に言えば「宗教などは理性的思考のジャマになるから、わきにどいてろ」ってことだ。

しかし実際問題、まさにその啓蒙思想のせいで、フランスは宗教に対して心が狭い。フランス革命で暴君ルイ16世を処刑して以来、「自由」を国家理念の1つとしているため、形の上では「信教の自由」は保障されている。しかし同時に啓蒙思想のせいで、宗教に熱心な人は「無知蒙昧で反啓蒙主義的な人」と見下されてしまう。その結果、公立の学校では宗教や宗教的服装は禁止され、キリスト教国なのに学校に十字架のネックレスを着けていくことも認められない。

だからフランスは、宗教に関して信じられないほど「冷めて」いる。本来ならば宗教改革の雄・カルヴァンの出身国なんだから、フランスはバリバリのプロテスタント国家になっていてもおかしくなかった。実際フランスのカルヴァン主義者は「ユグノー」と呼ばれ、かつては大きな勢力を誇っていた。

ところがその後、啓蒙思想に世俗主義だ。完全に水を差された。しかもさらに国民のテンションが下がる事態として、国王アンリ4世が、政治上のゴタゴタからカトリックに改宗せざるをえなくなり、そこからフランスはカトリックの国となってしまっている。1598年に発布された「ナントの勅令」では、形の上では信仰の自由を認めつつも、事実上は「うちはカトリックが基本。プロテスタントには寛容」の姿勢が示された。

こんなことばっかあったんじゃ、フランス人の信仰心が篤くなるはずがない。だから今日フランス人の信仰心はヨーロッパとは思えないほど薄く、国民の多くは教会に「まったく行かない」か「ほとんど行かない」人ばかりだ。

しかしそれが、近年は大きな波紋を呼んでいる。フランスでは2011年に「ブルカ禁止法」ができ、公共の場でイスラム女性が顔や全身を覆う「ブルカ」を着用することを禁止した。これは啓蒙主義と、テロリストの顔がちゃんと防犯カメラに映るようにするための防犯上の観点からの措置だ。しかし、この法律やイスラム系移民への冷遇政策が反発を招き、2015年には「イスラム国（IS）」から再三テロ攻撃を受けてしまった。

宗教よりも哲学重視で社会を築いてきたフランス。そのフランスのあり方もテロという暴力にさらされた今日、いやが上にも再考せざるをえない局面に立たされている。

2015年11月に起きたパリ同時多発テロ事件の犠牲者を追悼するパリ市民

頭からかぶっているのが、イスラム教徒の女性が着用する「ブルカ」

5章

EU経済の盟主「ドイツ」の日本とは違う〝真面目〟さ

――生きるための知恵を突き詰めてきた国の「宗教」と「思想」

ドイツ人は真面目だ。真面目といってもいろいろあるが、日本人が大好きな「義理人情を欠かない」的な誠実さとはちょっと違う。それよりも「任務遂行」とか「義務を果たした」みたいな、神経質で融通がきかない「生真面目さ」に近い。

とにかく彼らは時間厳守、規則厳守で、質素・倹約が大好きな上、法律にも厳格だ。青池保子の漫画『エロイカより愛をこめて』にエーベルバッハ少佐というガチガチのＮＡＴＯの軍人が出てくるが、このキャラが生真面目なドイツ人の典型だ。

彼らは「こいつちょっと血の巡りが悪いんじゃないか」と思えるぐらい、状況を無視してまでルールを守りたがる。

賑わうドイツの商店。今でも首都ベルリンをはじめ、多くの州で日曜日の営業は基本的に禁止されている

例えばドイツでは、薬局やガソリンスタンドを除いて、日曜日に開いてる店なんかほとんどない。ドイツには「閉店法」という法律があり、休日である日曜日は「休まないといけない」からだ。もちろんコンビニなどもない。

あるいはドイツの道路は、田舎道でもメチャクチャいっぱい交通標識があり、車はそれを当たり前のように守る。歩行者も車ゼロの見晴らしのいい交差点で、赤信号を守る。日本人も真面目だが、誰も見てないガラガラの交差点でまで赤信号を守ったりはしない。

これは、日本人とドイツ人の真面目さの「質」の違いからくるものだ。我々の真面目さは、和を乱さないよう他人の目を気にした結果の真面目さ。でもドイツ人の真面目さは、和を乱してでもルールを守ろうとする真面目さだ。

日本とは質の違うドイツ人の「真面目」さの源泉

ドイツ人が真面目な理由には、いろんなことが考えられる。まず、地理的に寒いということ。ドイツの緯度は高く、南に位置するミュンヘンでさえ北海道より上にある。そのため夏も気温があまり上がらず、冬は猛烈に寒い。寒冷地の人々は衣食住をきっちり確保しておかないと死んでしまうから、必然的に真面目になる。

でもその理屈でいくと、ドイツ人よりロシア人やモンゴル人の方が真面目ということになるが、どう見てもエリツィンや朝青龍よりオリバー・カーンの方が真面目だ（人選に問題あり!?)。ならそれが理由ということにはならない。

次に考えられるのは戦争だ。つまり「ドイツは敗戦国だから真面目なのだ」というものだ。日本もそうだが、戦争に負けた国は、戦争への反省と贖罪から、勤勉になりやすい。特にドイツは、戦時中ナチスがヨーロッパ中に大迷惑をかけたから、償う意識と「二度とルールを破っちゃいけない」という意識がハンパなく強い。こうして国際社会の模範囚になると誓ったドイツ人は、心の仮釈放を勝ち取るまで、勤勉すぎるほど勤勉に他国に尽くそうとする。お、これは何だか正解っぽいぞ。これならば、同じ敗戦国民の日本人が真面目である説明にもなるし、理由として十分考えられそうだ。

しかしそうなると、1つ釈然としない事実が残る。イタリアだ。イタリア人が真面目だなんて聞いたことがない。そんなの、たちの悪い冗談だ。もしEU圏の人に「イタリア人って真面目だよね」なんて言えば、全員がブーっと口からご飯を噴き出して、ちゃぶ台が飯ツブだらけになる。とにかく、第二次世界大戦の悪のトリオが戦後そろって模範囚になったわけでなく、イタリアだけは相も変わらずEUの問題児だ。これでは「敗戦国＝真面目」は完全な正解とは言えない。

じゃあなぜドイツ人は真面目なのか？　僕はその理由が「宗教」にあると思っている。

宗教改革の発祥地だからこそ〝根付いた〟ものとは

宗教改革とは、腐敗したカトリック教会の改革運動だ。

同時期に起こったルネサンスは、教会による抑圧から人間性の回復を図るための運動で、簡単にいうと「キリスト教なんかくそくらえだ」という運動だった。

しかし宗教改革がめざしたものは、人間性の回復ではなく〝純粋な信仰〟、つまり「キリスト教くそくらえ」ではなく「本当のキリスト教はこんな腐敗したものじゃない。もっと純粋で真面目なものだ」というものだ。ということは、その成果がしっかりと根付いた国の国民は、純粋で真面目な気質になりやすいことになる。そして、宗教改革に初めて成功し、その成果がどっしり根付いた国こそが、他ならぬドイツなのである。

最初迫害されたキリスト教も、ミラノ勅令（３１３年）でローマから公認を受けて以来、急速にその勢力を拡大させ、中世ヨーロッパでは絶大なる権勢を誇った。

しかし教会は、勢いが増すとともに次第に社会の監視役と化し、キリスト教の価値観に反するものがないかどうか、文学・芸術・科学・生活など、あらゆる分野に監視の目を光らせるようになっていく。またこの頃から、教会内部の権力闘争や、一部の聖職者の豪奢な生活も目立つようになっていった。

しかしその後、11世紀あたりから「シスマ」と呼ばれる教会の大分裂が起こり、教皇が3人も出る異常事態になると、次第にその勢いにも陰りが見え始めた。さらに11〜13世紀、異教徒からの聖地エルサレム奪回をめざした十字軍の遠征に失敗したことで教皇の権威は大きく揺らぎ、15世紀「中世の三大発明」（火薬・羅針盤・活版印刷）が出た頃には、印刷技術で聖書が大量に普及し、聖職者や教会の価値も低下した。

まさにその頃、ルターの宗教改革は行われた。ルターはドイツ人。当時のドイツは皇帝カール5世が教皇レオ10世に入れあげ、事あるごとに気前のいい金銭的援助を行い、〝バチカンの財布〟に近い状態だった。

しかし1517年、ルターはそんな流れの中で行われた教会の免罪符（※購入すれば罪が赦されるというお札。教会の修復費などに充てられたが、聖職者による着服も多かった）発売に抗議して「九十五カ条の論題」を発表し、神による救済は免罪符によってではなく、信仰と聖書によってもたらされると主張した。

ルターはその後、信仰義認説や聖書中心主義を唱えて支持を拡大し、その支持は農民層にまで広がった。そしてついに１５５５年、ルターはアウグスブルクの和議を勝ち取り、ドイツでは新教・旧教どちらを選択してもかまわないことになったのだ。

ルターの宗教改革の成果は、その後のドイツにしっかりと根付き、ドイツの教会は腐敗の温床ではなくちゃんとした「純粋な信仰の拠り所」となった。こけおどし的な儀式もラテン語のミサもなくなり、すべての人が教会に集まり、学び、正しい教えを信じるようになった。もはやドイツの教会は抑圧機関ではなく、生活と教育の中に純粋で真面目な信仰を取り入れるのに不可欠な〝信仰の媒介機関〟となったのだ。

ドイツで宗教改革を進めたマルティン・ルター（1483～1546）

ルターが訳したドイツ語版の聖書。ヘブライ語や古典ギリシア語の原典から翻訳された

抑圧の道具としての教会は反発を招くが、信仰の拠り所としての教会は人々をひきつけ、その教えは人々の心に素直に浸透する。これが、

純粋で真面目なドイツ人をつくる大きな契機となったのだ。ドイツのルター派は現在「ルーテル派」と呼ばれ、ドイツを軸に世界のプロテスタントの主流の1つとなっている。

ちなみに、ドイツ中心のルターに対し、スイスを中心にフランス、イギリスなどに広がっていったのが、カルヴァンの宗教改革。こちらは「キリスト教」の章で説明したとおりだ。「勤勉・禁欲的」の一方で、「利潤の肯定」という大きな特徴があり、この「利潤肯定」にひかれてがむしゃらに働いた結果、ヨーロッパの資本主義は世界の他地域よりも急速に発展していったのだ。

カルヴァン派よりも厳格さの点で見劣りがするルター派ではあるが、ルター派の特徴は厳格さではなく「愛」。ゴールに拝金主義が待ちかまえていず、愛を原動力に行動する分だけ、ドイツ人の方がより真面目になったということか。

ドイツの哲学は、「時代を生き抜く」ための知恵

このように、ドイツの国民性を決定づけたものは宗教改革とさせてもらったが、ではドイツにおける哲学の意味とは何だろう？

僕の考えでは、ドイツの哲学は、国民性を決定づけるものではなく、その時々を生きるための必要性の中で発展してきたものだ。

こんな言い方をすると、ドイツの哲学が軽いものと見なされそうだが、それは全然違う。実はドイツは、世界をリードする哲学大国で、その成果には非常に優れたものが多い。しかも、その時々の必要性との関連性も、実に興味深いものが多い。代表的なものを見ていこう。

ドイツ観念論――自分たちにもできる「内の変革」をめざした

イギリスやフランスが市民革命や啓蒙思想で盛り上がっていた頃、ドイツはまだ封建諸侯の力が強く、革命の気運やそれと結びつく啓蒙思想は盛り上がらなかった。

ドイツは古くから、小さな国が寄せ集まった連邦国家だったから、各地に強い領主さまが数多くいて、強力な専制君主がなかなか生まれなかったのだ。日本でいうなら、戦国時代ほどじゃないけど、江戸時代に将軍さまがいなくて各地の大名がブイブイ言わせてる感じ。これじゃ革命を起こそうにも、誰を的にしていいんだかわからない。

そのためドイツでは、英仏みたいな外面的な社会変革よりも「内面的な道徳世界」の確立をめざす思想が生まれた。これが「ドイツ観念論哲学」だ。

ドイツ観念論といえばカントだ。カントは人間の理性を、自然科学を扱う「理論理性」と道徳や哲学を扱う「実践理性」とに分け、実践理性の命令に従うことこそが、理想の内面世界を築くカギになると主張した。

ではその実践理性とは、一体どういう理性なのか？

人間誰しも、好きこのんでイヤな世界に暮らしたいとは思わない。誰だって、よりよい世界をめざしたいに決まってる。カントは、自分のめざすよりよい世界を「道徳的な世界」と考え、そういう世界をめざす意志を「善意志」と呼んだ。この善意志は、誰もが生まれながらに持っている意志だ。そして実践理性とは、その善意志に対して、道徳的な命令を発する理性のことだ。

おおっと注意！　この辺はちょっと難しくて、気持ちがだれてくるあたりだ。授業でいうなら、居眠りしたりＬＩＮＥをチェックしたり、数学の内職をしたり、自分の名前を立体の美しい文字に飾りたてる頃だ。でもここでくじけたら、君らは来年も受験生だ（誰に言ってるんだ?-)。だからもうちょっと頑張ろう。

　実践理性は、我々の心の中で、まるで本社から現場監督に指令を出すように、善意志に対して命令を下すような存在だ。つまりそれは「心の中で自分に命令を出す」ことであり、自分の「理性」が自分の「意志」に命令を下すってことだ。

　そして実践理性は、心の中で自分自身に対して道徳的な命令を発する。つまり心の中で、本社から現場監督に向かって「人に親切にしろ」とか「自己に正直であれ」とか命令を下すわけだ。

　そしてその指令が下されれば、善意志はそれに「常に義務的に」従わなければならない。なぜなら、めざしているのが「理想の道徳世界」だからだ。

　理想の道徳世界をめざす以上、実践理性の道徳命令に対し「今回だけ1回休ませて」みたいなことがあってはいけない。だって求めるものが「理想」なんだよ。妥協なんか許されるはずがない。

　そして、みんなが自由に自らの実践理性の道徳命令に従って動くことができるようにな

批判哲学を提唱した「ドイツ観念論哲学の祖」イマニュエル・カント（1724～1804）

れば、そこには理想の道徳社会が実現するはずだ。これがカントのめざした理想的な道徳国家「目的の王国」だ。

しかしよくよく考えたら、カント哲学はキリスト教となじみやすいな。「神＝実践理性／神の国＝目的の王国／神の声＝定言命法」と考えれば、カント哲学はほぼ「別表現でのキリスト教」だ。ただ、キリスト教の道徳は明確に示されているが、カントはただ漠然と「道徳」と説くだけで、その道徳の具体的中身までは問われていない。

そうなると、カントのいう「目的の王国」は、その時々の道徳観に振り回される（例えばナチスがつくった道徳観にも）ことになるか。ある意味、キリスト教以上に危険だな。

観念論のもう一人の巨人・ヘーゲルの「絶対精神」と「弁証法」

実は、ドイツ観念論の巨人はもう1人いる。ヘーゲルだ。

ヘーゲルといえば「絶対精神」と「弁証法」だ。

絶対精神とは自由を本質とする神のような存在で、ヘーゲルはその絶対精神が人間（特に歴史上の「英雄」たち）を操ることで、世の中に自由と合理性が拡大し、社会や歴史は発展すると考えた。

そして、その絶対精神の運動法則にあたるものが「弁証法」だ。

世の中の自由と合理性は、絶対精神という名前の「自由の塊」が、自分の本質にあたる自由を自己実現する、つまりどんどん広げていく過程で増えていくのだ。そして、その増やし方こそが弁証法なのだ。

じゃ弁証法とは何かというと、それはズバリ「対立」だ。もっとちゃんと言うと、あるもの（テーゼ）と別のもの（アンチテーゼ）が対立することで、よりよいもの（ジンテーゼ）をつくり出すという運動だ。

対立だとわかりにくいから「ライバル」と置き換えてみようか。例えば成績がそこそこで安定している受験生がいる。こいつがひと皮むけて飛躍的に伸びるためには、何が必要か。簡単だ。「絶対こいつにだけは負けたくない！」と思えるようなライバルが現れてくれればいいのだ。

ライバルの出現は、緩んだ気持ちに〝喝〟を入れ、自分をさらに高みに上らせてくれる。

「ドイツ観念論哲学の完成者」と呼ばれるゲオルク・ヴィルヘルム・フリードリヒ・ヘーゲル（1770～1831）

こいつに負けるのだけは悔しい、こいつにだけは絶対負けたくない！　このライバルとの〝対立〟からくる強い気持ちが、レベルアップした自分（＝弁証法的に発展した自分）を作り上げてくれるのだ。

社会や歴史も、ルネサンス（教会の価値観vs新しい価値観）や市民革命（専制君主vs市民）といった〝対立〟があったからこそ発展し、その結果、世の中の自由と合理性が拡大した。これは自由を本質とする「絶対精神の自己実現」ともいえるし、社会や歴史の弁証法的発展ともいえることなんだ。

社会主義——大格差時代に生まれた「代替案」の真の意味

社会主義国家といえば、ひと昔前のソ連（現ロシア）、爆買い国家になる前の中国（今は事実上資本主義に近い）、そして今の北朝鮮などだ。これらの国に共通するイメージは「社会主義国家には自由がなく、密告・粛清・腐敗が横行していてコワい」というものだ。

しかしこのイメージは、本当に社会主義がめざすものとは違う。社会主義のめざすものは「平等で民主的な理想の社会」だ。

社会主義思想を確立させたのは、ドイツ人のマルクス。だから社会主義思想のことを「マルクス主義」とも呼ぶ。

とはいえ実際には、マルクスの出現以前にも、社会主義思想はあった。当然だ。なぜなら社会に不平等があれば、虐げられし者は平等を求める。そしてヨーロッパでは、ドイツよりもイギリスやフランスでまず資本主義が栄え、そのせいで貧富の差が拡大し、そっちの方で平等を求める声が上がっていたからだ。

ただしそちらの方の社会主義は、思想として確立するには至らなかった。なぜならそれらが「空想的社会主義」だったからだ。

『資本論』などを著し資本主義社会を批判したカール・マルクス（1818〜1883）

空想的社会主義とは、簡単にいうと「貧しい労働者がかわいそう」という〝上から目線〟の社会主義だ。つまり、資本家を始めとする社会的地位の高い人たちが、貧民を助けてあげるというものだ。この考え方を提唱した代表的な空想的社会主義者は、フランス人のサン＝シモンやフーリエ、イギリス人のオーウェンなどだ。

しかし残念ながら、空想的社会主義は、思想としてはあまりに脆弱だった。なぜなら、上から与えられた平等には、永続性がないからだ。

人から与えられた平等は、相手の立場や心境が変化すると、簡単に「奪われて」しまう。これでは永続性なんかあるわけがない。しかし自分で勝ち取った平等は、そんな簡単に他人本位で崩れたりはしない。これが自分で勝ち取ることの意味だ。

マルクスは、従来までの空想的社会主義と違い、「自分で勝ち取る社会主義」をめざした。ちょうど遅まきながら、ドイツでも資本主義が発展し、労使の対立が激しくなってきたころだった。

でも永続性のある平等って、一体どうつくればいいんだろう? マルクスの結論は「考え方を科学的にする」だった。

科学的とはいっても、別に実験室で白衣を着て試験管やフラスコを振りながらモシャモシャ頭をかきむしるような、そういった理系的な科学ではない。考え方を科学的にするのだ。つまり「理詰めで合理的な考え方で突きつめていけば、最後には必然的に平等な社会をつくれる」――これがここでいう科学的な考え方だ。

そのためにマルクスが採用したのが「唯物論」。唯物論とは「意識よりも存在」を重視する考え方で、代表的な思想家は、同じくドイツのフォイエルバッハだ。彼の代表的な言葉を見ると、唯物論がどういうものかが非常によくわかる。

「神が人間を創ったのではない。人間が神を創ったのだ」

これは見事に唯物論の本質を表している。つまりわかりやすく言うと「神は、物質である人間の脳の産物だ」と言っているのだ。

このように、徹底的に物質に根拠を置いて物事を考えるようになると、思考は科学的になる。だからマルクスは、この唯物論を科学的思考の大前提にし、観念的な要素を捨て、目で見て手で触ることのできる「物質」のみに基礎を置く考え方をとったのだ。

そしてマルクスは、その唯物論にヘーゲルの弁証法を組み合わせた。そうすると、こんな考え方が誕生した。

人間にとって、物質を生み出す作業は「労働」であり、その過程で生まれる対立は、資本家と労働者の「階級対立」だ。これらを弁証法的にまとめるとこうなる。

「物質を生み出す労働で生まれる労使の階級対立はやがて革命に発展し、その革命こそがよりよい社会・社会主義の誕生につながる」

資本家が搾取する以上、労使の対立は必ず起こる。そしてその対立は、資本主義が発展すればするほど大きくなる。だって資本家ばかりがどんどん豊かになるのに、搾取のせいで労働者は相変わらず貧しいままだもんね。これは確かに資本主義が栄えるほど、労働者の不満は大きくなる。

そしてその不満の頂点で、ついに労働者の堪忍袋の緒が切れる。「もう我慢できん！資本家を倒すぞ‼」――この段階で、資本家と労働者の人数比は圧倒的だ。例えて言うなら「1人vs100万人のケンカ」だ。なら怒り狂う100万人の労働者が資本家を叩けば、労働者の勝利は必然的だ。こうして科学的社会主義では、革命は必然的に起き、労働者は必然的に勝利すると考えるのだ。

マルクスは『共産党宣言』の中で「労働者に祖国はない」と言っている。しかし、ドイツ、パリ、ブリュッセル、ロンドン……と移り住んだマルクスも、ドイツにまで革命の気運が飛び火した頃に、自分の論を完成させている。そう考えると、社会主義も無国籍の思想というよりは、当時のドイツで必要に応じて発展した思想といえそうだね。

「誤った理性化」こそ、ナチズムを招いた真の原因

ドイツは、第一次世界大戦でさんざんな目に遭った。

ドイツとイギリスの植民地拡大政策（３Ｂ政策vs３Ｃ政策）あたりから緊張感が高まっていたヨーロッパでは、１９１４年のサラエボ事件をきっかけに第一次世界大戦が勃発し、ヨーロッパは三国同盟（独・伊・オーストリア）と三国協商（英・仏・露）という2つの軍事同盟が激しくぶつかり合った。しかしその後、日英同盟を口実に日本がイギリスにつき、モンロー主義（ヨーロッパとの相互不干渉）をとってたはずのアメリカまでもが協商側についたことで大勢が決し、最終的にはドイツ敗戦という結果となった。

歓迎を受けるヒトラー。ドイツは、当時、世界で最も民主的な憲法だったヴァイマル憲法下でナチ党の独裁を生んでしまった

敗れた後のドイツは、戦勝国側からむしるだけむしられた。１９１９年のヴェルサイユ条約で、ドイツは海外領土と植民地をすべて奪われ、軍事力はほぼ消滅、おまけに当時の国家予算の20年分もの賠償金を請求された。このように、敗戦国ドイツを抑え込むことで第一次世界大戦後の世界平

和を維持する体制を「ヴェルサイユ体制」という。

しかし、いかに国力を削ぐためとはいえ、これはやりすぎだ。ドイツはこの後、生活苦と社会不安が深刻化し、そこからの救済をうたうナチス党が国民の支持を取りつけ、1933年にはヒトラー内閣が誕生した。

ヒトラーは、ドイツ人をさんざん苦しめた「ヴェルサイユ体制からの解放」をめざして国際連盟を脱退し、ヴェルサイユ条約を破って再軍備を実行した。その上で、国民には失業解消を約束しつつ福祉や娯楽を提供することで支持を得、その一方で着々と他国への侵攻を重ねていった。

同時にヒトラーは、ユダヤ人排斥を行った。ヒトラーは優生学（遺伝的に優秀な民族を増やし、劣悪な民族を淘汰）の信奉者で、アーリア系のゲルマン民族（ドイツ人）を世界最高の民族とするため、見た目や頭脳、運動能力の優れたアーリア系を強制的に結婚させると同時に、「劣悪な民族であるユダヤ人を絶滅」させようとした。

そのために行われたのが「ホロコースト」。これは〝ユダヤ人の虐殺〟を意味する言葉で、ドイツから占領下のポーランドにあるアウシュビッツ収容所に多数のユダヤ人を移送し、毒ガスなどで殺害した。選挙権の剥奪や不買運動ぐらいならまだ耐えられたユダヤ人も、話が生命の危機にまで及ぶと、もう黙っているわけにはいかない。

そんな中で気を吐いたのが、フランクフルト学派だ。彼らはホルクハイマー指導の下、社会主義思想を批判的に継承し、平等で民主的な社会をめざす考え方にフロイト心理学や社会学の要素を加味して、今までにない社会批判を展開した。

フランクフルト学派の代表的著作が『啓蒙の弁証法』だ。著者はフランクフルト社会研究所所長のホルクハイマーと、同研究員のアドルノ。彼らは鋭い筆致で、ナチズムとそれを受け入れる大衆心理を批判した。

彼らによると、近代西洋で展開されてきた啓蒙運動は、確かに人間を理性化し、科学の進歩に大きく貢献してきた。ただしその理性化の多くを「正解を与える教育」で行ってしまったため、それが僕たちから思考の自由を奪ってしまった。

そのせいで、僕らの理性は「批判的理性」（物事を熟慮し、批判的にとらえる理性）ではなく「道具的理性」（有用性（つまり科学や技術の発展）のみを求める道具と化した理性）になってしまい、その結果我々は「物わかりはいいが批判能力のない従順なロボット」のようになってしまった。

これは権力側からすると、非常に操りやすい。例えば学校教育の段階から「新聞をちゃんと読みましょう。そこには皆さんの役に立つことばかりが書いてありますよ」などと教えておけば、政府がその新聞を利用して「ユダヤ人はドイツにとって有害だから、排斥すべきだ」と書けば、国民はみんな「新聞に書いてあることだから間違いない」と、100％鵜呑みにしてくれる。これは非常に危険だ。

啓蒙運動は、理性化で我々を賢くしようと頑張ってきたが、その結果がファシズムでは悲しすぎる。これは進歩ではなく「野蛮への退行」だ。

フランクフルト学派はこれに警鐘を鳴らし、今後は理性一辺倒ではなく、そこに素朴な直観力なども加えた「自然と理性の融合」をめざすことを主張した。

ドイツにはまだまだ優れた哲学が数多くあるが。ここまで挙げれば十分だろう。

ドイツ人は真面目だからこそ物事を突きつめて考え、その結果社会に新しい考え方が必要になった時には、常に真面目で優れた哲学を生み出してきた。

そう考えれば、芯の通った真面目さは、哲学に必要な要素なのかも。そしてその真面目さは、ドイツの場合宗教によって形成された。哲学は人の生き方を方向づけ、宗教はこれを決定づける。ドイツはこの2つが、うまくリンクした実例みたいな国だ。

6章

寛容の思想「イスラム教」は、なぜ戦いの道具にされるのか？

——「世界を混乱に導く」という誤解が生まれたワケ

ここまで、キリスト教が根付いた欧米の国々の思想的バックボーンを見てきた。では、キリスト教国と同じくらい、現代世界を動かすイスラム教はどのような宗教なのだろうか。ここからは、その正体に迫ってみる。

シーア派が国教とされているイランの首都・テヘランの様子

イスラム教は、キリスト教・仏教と並ぶ「世界三大宗教」の1つだ。中東・アジア・北アフリカを中心に分布している。

日本人にはなじみの薄い宗教だが、信者の数は約16億人もいる。これは仏教徒の3倍強だ。世界最大宗教であるキリスト教と比較しても「22億人vs16億人」だから、十分張り合える数字だ。

しかしこの大勢力であるイスラム教、その評判は近年決していいものではない。最近のイスラム諸国といえば、戦争、革命、テロなど、どうしてもきな臭いイメージがつきまとう。何か穏やかなイメージはなかったかなと考

■中東のイスラム教の宗派分布図（2016 年現在）

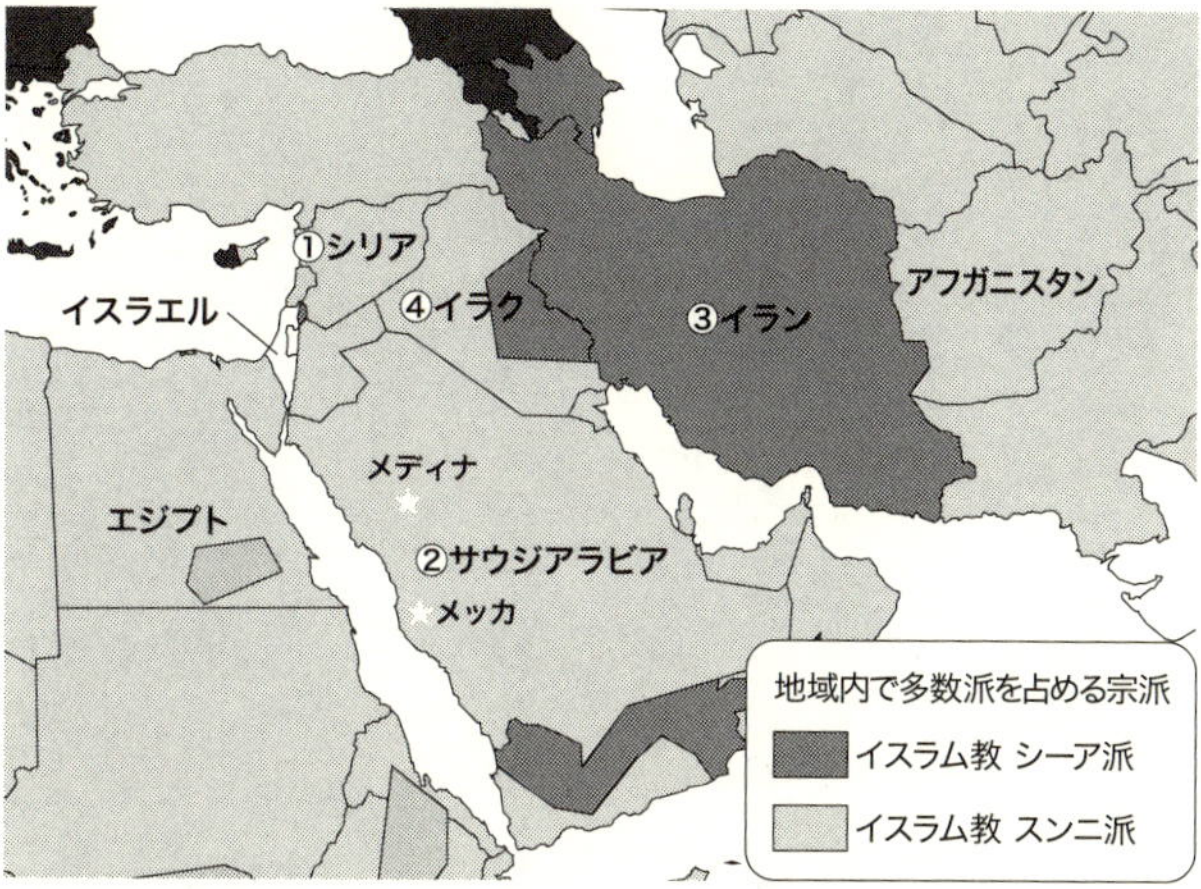

①シリア

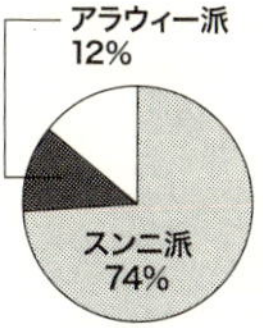

大統領のアサド氏はアラウィー派。アラウィー派とは、シーア派から分離した宗派とされ、シリアの土着宗教の要素が加わった結果、輪廻転生説などが取り入れられている。

②サウジアラビア

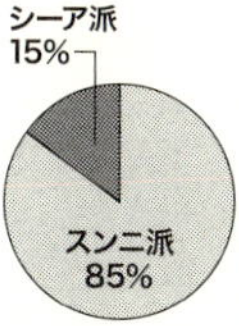

サルマン国王はスンニ派。一般に原理主義として知られているスンニ派の宗派であるワッハーブ派が国教とされていて、国民が他宗教を信仰することは禁止されている。

③イラン

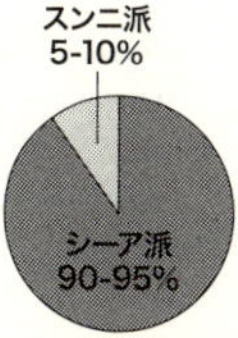

現大統領のハメネイ師はシーア派で、国教もシーア派とされている。1979年のイラン・イスラム革命以来、宗教上の最高指導者が政治でも最高権力を握るイスラム共和制が続いている。

④イラク

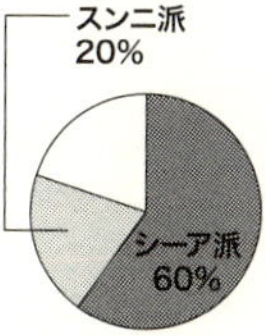

2003年のフセイン政権崩壊までは少数派のスンニ派が政治権力を握っていたが、現在は多数派のシーア派であるアバーディー氏が首相を務めている。

※地図上の色分布はおおまかなものです

えても、真っ先に出てくるワードはサダム・フセイン、同時多発テロ、自爆テロ、イスラム国……。

先日マカオに行った時も、税関の入国審査待ちの列にヒジャブ（イスラム女性が頭に巻く布）を着けた女性がいて、そのせいで職員が必要以上に警戒し、彼女だけ30分以上も質問（尋問？）され、入国審査が大幅に滞った。早くカジノへ行きたくてイライラしていた外国人たちも「イスラム教徒がいるなら仕方ないな」という仕草をしていた。こういうのを見ると、近年のイスラム教徒が世界でどう思われているのかがよくわかる。

しかし「イスラム教徒＝危険」というイメージは、本当に正しいのか？　ひょっとしたら、たまたま少数の危険なイスラム教徒が目立っているだけじゃないのか。あるいは「この国は危険だがこっちは安全」とかあるのか。テロを正当化する教義はあるのか――僕らはあまりにイスラム教のことを知らなすぎる。

ちょっとこれは勉強の必要があるな。というわけで、この章ではイスラム教の概要を理解した上で、イスラム教とイスラム諸国の関係について考えてみよう。

「アッラーの教え」だけで、政治も経済も回せるワケ

イスラム諸国には哲学がない。あるのはイスラム教だけだ。

ふつう、哲学は生き方を方向づけ、宗教はこれを決定づけるものだが、イスラム諸国に関しては、方向づけも決定もすべては「アッラーの思し召し」だ。

これはイスラム教が、信仰の拠り所であると同時に「法体系」でもあるからだ。つまりわかりやすく言うと、「最後の審判」のあと信者が天国に行くために日常何をしなければならないのかを、全部細かく決めてあるのだ。

その内容は大きく分けると、信仰に関する「儀礼的規範」と、世俗生活に関わる「法的規範」に大別される。儀礼的規範はいろいろあるが、特に「六信」（6つの信仰対象）と「五行」（5つの義務）をまっとうすることが求められる。これをやらないと「信仰と行為の正しい者」と認められず、天国に行けなくなる。

「六信五行」については、133ページの表にまとめておいたので、見ておいてほしい。

ちなみにこの中でわかりにくいのが「喜捨」。これは貧者への施しなのだが、喜捨が義務である以上、貧者には喜捨を受ける「権利」がある。だからイスラム圏の物乞いはムチャクチャ態度がでかい。「ほら、金出せよ。もらってやるよ。これでお前は天国へ行けるぞ。よかったな感謝しろよ」――正直、ムカつきます。

サウジアラビアのメディナにあるモスクでクルアーンを読むイスラム教徒

メッカ市内にあるイスラム教の最大の聖地・カーバ神殿。元はこの地域の多神教の神殿だった

これら儀礼的規範に加えて、細かい「法的規範」もある。こちらは「義務・推奨・許可・忌避・禁止」に分かれており、その中で例えば「利子は違法な所得だから受取は禁止」とか「豚肉・酒・ポルノなどの取引は禁止」などが決まっている。きりがないのでここまでにしと

■イスラムの最も基本となる教え――「六信」と「五行」

六信 6つの信仰対象	神	アッラー以外に神はいないことを信じる
	天使	天使がアッラーの使いであることを信じる
	啓典	啓典(真理を示す神の言葉)を信じ『クルアーン』が最後の経典と信じる
	預言者	アッラーが示すすべての預言者(ムハンマド・モーセ・イエスなど)を信じる
	来世	復活と死後の生命を信じる(※)
	定命	アッラーの定めた運命を信じる

五行 5つの義務行為	巡礼	メッカへの巡礼(死ぬまでに1回はする)
	礼拝	メッカの方向に向かって、1日5回祈りを捧げる
	喜捨	貧者への施し
	断食	イスラム暦の9番目の月を断食月(ラマダーン)とし、日中のみ飲食しない
	信仰告白	「アッラーは唯一神。ムハンマドはその使徒」と唱える

※イスラム教の「復活」とは

最後の審判の日、墓に埋められた我々全員の肉体に魂が戻されること。これで神から永遠の生命を与えられた後に裁きを受け、信仰と行為が正しい者は天国へ、そうでない者は地獄へ行くことになる。

この復活があるため、イスラム教では死者は絶対土葬。火葬は最後の審判の権利がなくなるから絶対厳禁で、日本で死んだイスラム教徒がよくトラブるポイントとなる。処刑方法も「焼殺」は『クルアーン』を焼いた者に対する、最も重い刑罰になる。

くが、とにかく細かいルールがびっしりある。

長くなったが、結局何が言いたいかというと、これだけの法体系が宗教内で作られているから、イスラム教徒は哲学がなくても人生に迷わない。イスラム教さえ信じれば、生活・政治・経済・文化すべてで正しい方向をめざせる。確かにこれなら哲学は不要だ。

イスラム教のキモは、「ウンマ」成立の歴史にあり

では、なぜイスラム教は他の宗教に類を見ないほど、細かなルールが整えられているのか。その理由は、イスラム教の成立の歴史を見るとよくわかる。

実は、ユダヤ教とキリスト教の〝兄弟〟だった？

イスラム教は610年、ムハンマド（マホメット）によって開かれた。

ムハンマドは元々、メッカのごくごく平凡で真面目な、気のいい商人だった。サザエさんでいえばアナゴくんぐらい。彼は若い頃から隊商に加わって各地を訪れ、その際にユダヤ教やキリスト教にも触れていた。

しかし彼は、息子を失った頃から洞窟にこもって瞑想《めいそう》にふけることが多くなり、ついに40歳の頃、洞窟内で神の啓示を受けた。

彼に神の啓示をもたらしたのは、なんと「受胎告知」でおなじみ、キリスト教の大天使ガブリエルだ。実は後で詳しく説明するが、イスラム教とユダヤ教キリスト教は、兄弟宗教なのだ。というわけで大天使が突然洞窟の中に現れ、巻物でムハンマドのノド元をぐいぐい押さえつけて「これを読め！」と迫ったのだ。

最初は砂漠の精霊（ジン）のいたずらかと思ったが、どうやらそうではないらしい。ムハンマドは渡された巻物を読んだ。するとそこに示されていたのは、神の言葉だった。神が真理を示すことを「啓示」というが、どうやらムハンマドは神の啓示を受けたらしい。彼はこれ以後20年くらい、断続的に神の啓示を受け続け、それを神がかった状態で身内や信者に伝え続けた。

しかし、神がかった状態で人々に啓示を伝えるムハンマドを、身内は最初信じられなかった。彼が何かの冗談で「神がかったフリ＋作り話」をして、皆をかつごうとしているのではないかといぶかった。だが真面目なムハンマドが、そんな周囲を困惑させるような冗談をするとは思えない。もしもサザエさんに「アナゴ　覚醒す」なんて回があったら、視聴者は大いに首をかしげつつも、それを冗談だとは思わないはずだ（しかも絶対みる）。しかもムハンマドの話の内容は、難解で高度だ。彼にこんなこと、思いつけるわけがない。

周囲は次第にそれを神の啓示と認め、ムハンマドは神の言葉を預かる人、すなわち「預言者」と見なされるようになっていった。その頃から、身内以外にもイスラム教に改宗する者が目に見えて増え始めた。

COLUMN

ユダヤ教・キリスト教とここまで似ているイスラム教

日本人は（というかイスラム教徒以外には）あまり知らないが、実はイスラム教とユダヤ教・キリスト教は「兄弟宗教」なのだ。

このあたりは『クルアーン（コーラン）』にはっきり書かれてある。クルアーンによると、神はクルアーン以前にも預言者たちに啓典（＝真理を示す神の言葉）を授けており、それらが旧約聖書や新約聖書の一部であると記されている。

しかも、ムハンマド以前の預言者として、ムーサー（ユダヤ教のモーセ）やイーサー（キリスト教のイエス）の名が挙がっており、それらの締めくくりとして「最後の最も優れた預言者」ムハンマドが登場する。

ということは、どうやら「同じ神がこの世に預言者をどんどん遣わし、その最後がムハンマドだった」ということになるから、神だって当然「ヤーウェ（ユダヤ教・キリスト教の唯一神）＝アッラー」になる。

よく考えたら、ムハンマドのノドに巻物をグイグイ押しつけてきたのはキリスト教の大天使ガブリエルだし、歴史の時間軸だって三宗教とも「天地創造から最後の審判まで」になっている。他にもいろいろあるが、少なくともイスラム教側は、完全に「同じ唯一神の系譜」の中にイスラム教を置いているのだ。ユダヤ教徒やキリスト教徒はそう思っていなくても、イスラム教は自分のことを〝末っ子〟だと思っている。

そのためイスラム教は、ユダヤ教・キリスト教に対して非常に「優しい」し、お互い平等であるという意識を持っている。

イスラム教徒とユダヤ・キリスト教徒は共に「啓典の民（同じ神の言葉を信じる仲間）」だから、イスラム教国は、彼らが「人頭税」という税金さえ払えば、イスラム教国内でも信教の自由を認めないといけない。これはイスラム法（シャリーア）の規定だから、イスラム教国が必ず守らないといけないことだ。

ちなみに、イスラム教には、原罪（＝生まれながらの罪）の概念はない。クルアーンに「荷を負う者は、他人の荷を負うことはできない」との記述があるが、他人の罪を肩代わりしてあげるなんてことはできず、全部自分で責任取りなさいということだ。この理屈でいけば、エデンの園を追放されたのはアダムとイヴが木の実を食べたせいであり、その罪は自分たちだけ、つまりアダムとイヴだけで償いなさいってことになるね。

なぜ、メッカを追われ「ヒジュラ（聖遷）」しなくてはいけなかったのか

しかしそうなると、今度は地域社会との軋轢《あつれき》が生じる。当時のメッカは部族ごとに神がいる多神教で、カーバ神殿にすべての神の像が祀られていた。しかしイスラム教は、一神教で偶像崇拝禁止。何から何まで違う。しかもこんな宗教が着々と信者を増やし、今にもメッカをのみ込もうとしている。これはかなりヤバいぞ――危機感を抱いた部族長たちは彼らへの迫害を始め、それは日増しにエスカレートしていった。

「このままでは命が危ない」――ムハンマドらは身の危険を感じ、メッカからメディナへと集団で移住した。これを「聖遷（ヒジュラ）」という。

新天地メディナへの移住は、イスラム教にとって非常に重要だ。なぜならここでイスラム教は「信仰でつながる社会」を形成することになるのだから。

「ウンマ」こそ、イスラム教を理解するキー要素

メディナには地域の部族やユダヤ教徒が住んでいたが、まず地域の部族がムハンマドの教えに感服してイスラム教に改宗し、ムハンマドらと「ウンマ」を形成した。ウンマとはイスラム教の共同体のことだが、このウンマこそが、イスラム教を語る上で非常に重要になるものなのだ。ウンマは、ただの共同体ではない。地縁血縁で結びつく普通の共同体とは違って「信仰で結びつく、新しいタイプの共同体」なのだ。

地縁血縁以外で共同体をつくるなんて、当時としてはメチャクチャ珍しかった。だって日本でいうなら「大化の改新」のちょっと前だよ。大昔も大昔だ。そんな頃に地域で結びつく以外の共同体なんて、浮かびもしない。

でも、ムハンマドはそれをやった。彼は部族の壁をとっぱらってメディナで最初のウン

マを形成し、共同生活のための様々なルールをつくった。最初は本当に「共同生活上のルール」にすぎなかったが、その後どんどん細分化され、最終的には今日のイスラム法、つまり礼拝・喜捨・断食の奨励や飲酒・豚肉食・殺人・偶像崇拝の禁止など、信仰・生活の両面にわたる細かいルールへとつながっていくんだ。

しかし、同じ信仰をもつ者同士がつくった、異なる部族との運命共同体かあー。なるほどこれが出発点にあるから、イスラム教では信者間での地域差別がないのか。他宗派と教義の解釈の違いでもめることはあるけど、結局みんな国や地域は違えども、アッラーを信じる仲間という点では同じだもんね。

こうしてムハンマドは、ウンマの宗教的・政治的指導者となった。そしてさらにウンマの結束を強めた上で組織をどんどん拡大させ、同時にメッカを取り戻すための軍事力も増大させた。そして630年、ついに満を持してメッカに攻め込み、ムハンマド率いるムスリム（イスラム教徒）軍は見事メッカを奪還し、ムハンマドはカーバ神殿の像をすべて破壊して、そこをイスラム教の聖地とした。

このカーバ神殿を手にしたことで、ムハンマドはアラビア半島の部族すべてをイスラム教の下に統一できた。ここからイスラム教は、世界三大宗教の1つとなったのである。

教祖、聖典、法学者……イスラムを読み解く3つのカギ

イスラム教の特徴をまとめると、次のようになる。

神と教祖の関係――アッラーのみの一神教、ムハンマドは「預言者」

イスラム教では、神はアッラーのみだ。すべてを超越した唯一神として、単体で存在する。つまりアッラーは「何者も生まず、誰からも生まれず、1人として並ぶ者なし」なのだ。そして何者も生まない以上、イスラム教にはキリスト教のイエスみたいな「神の子」はいない。あと神の絵画や像（つまり偶像）をつくってもいけない。神の神聖性は決して表現できない以上、偶像崇拝は「神以外を崇拝」していることになるからね。

ちなみにイスラム教では、アッラーや天使以外に神聖なものはいない。ムハンマドだって自分のことを人間であると宣言している。ただし「最終預言者」（最後の最も優れた預言者）だから〝神聖ではないが偉大な人間〟として扱われている。

聖典――『クルアーン（コーラン）』には何が書かれている？

『クルアーン』には、神の言葉がそのまま記されている。一切の編集はなしだ。ムハンマドが神がかり状態で口走った言葉を「自らの記憶＋弟子たちの記憶」を頼りに書き留めたものだ。

そして、ムハンマドの言行（＝スンナ）を記録した書物を『ハディース』といい、クルアーンとスンナをたたき台にして必要箇所を抽出したり解釈を加えたりしたものを「イスラム法（シャリーア）」という。これはイスラム法学者たちが頭を悩ませ、人間が神意を正しく酌みながら生活できるよう構成したものだ。

イスラム教の聖典・クルアーン。「声に出して読まれるもの」を意味し、アラビア語の美しい韻律を持っているため、他の言語に訳したものは聖典と認められない

イスラム世界では「イスラム法は神から与えられたもの、法律は人間がつくったもの」だ。そういう意味でいうと、イスラム法のニュアンスに最も近いものは「憲法」かな。憲法は法律より上位の法規範だからね。つまり「イスラム法≒イスラム諸国全体に適用される〝憲法〟」と考えれば、いちばんしっくりくる。

実際サウジアラビアのように、統治基本法に「うちの憲法はクルアーンとスンナ」とはっきり書いている国もある。このように、すべてのイスラム国家では、このイスラム法を法律より上位の法規範として採用している。

なぜ、聖職者がいなくても宗教として成立するのか

さっき「イスラム法学者」というのが出てきたが、イスラム教に聖職者はいない。イスラム教では信者はすべて平等。だから神と人間を媒介する「ちょっとだけ人より偉い存在」なんてものはいないのだ。ただし教義の解釈や、イスラム法に基づく生活や政治を指導することは、誰かがやらなきゃならない。この他の宗教なら聖職者がやるような仕事を行うのが、イスラム法学者だ。

「ジハード」は自爆テロを生む思想じゃない

メチャクチャ誤解されているが、実はイスラム教の教え自体は、非常に平和的だ。教えの中で重視するのは「神への服従・平和・寛容・公正」などであって、クルアーンにも「人

を殺した者は、全人類を殺したのと同じ」「アッラーが神聖化された生命を、法と正義のため以外には殺害してはならない」などの記述がある。

しかし現実の世界では、イスラム諸国はテロや紛争ばかり起こしているというイメージがかなり定着しているし、実際僕にもそう見える。この教えと現実のギャップは、一体どこからきているのか。

ここで大事なキーワードになってくるのが「ジハード」だ。ジハードとは元々「奮闘・努力」という意味で、文字通りただの奮闘・努力ととらえるか、または心の中の悪・不正と戦うという意味でとらえるのが普通だった。

しかしそこに〝聖戦〟のニュアンスが込められてくると、かなり違った言葉になる。基本的に平和志向であっても、自分たちの生命・財産・信仰が脅かされれば、敢然と立ち向かって排除する。そこに暴力・テロ・殺人が入ってくるのも厭《いと》わない。クルアーンにも「迫害は殺害よりも、もっと悪い」と、不信心者に対しては遠回しに「殺してもかまわない」と受け取られかねない激しい記述がある。

もちろんテロや殺人は、絶対やっちゃダメだ。やってしまえばそれらはイスラムの教義に反するため、最後の審判の後、地獄行きとなる。当然自殺もダメ。「神の創造に反する行為」

だからだ。ということはイスラム教的には「自爆テロ」なんて、本来絶対やっちゃいけないことのはずだ。

しかしそれが、外から押し寄せる不義に対する聖戦だと「自爆テロ＝〝殉教〟」になり、イスラムの正義に殉じた魂は、天国に召されることになる。

アラブ世界で頻発するテロや紛争は、イスラム教のせいというより、ほとんどは政治的要因によるものだ。でもいかにきっかけが政治的でも、テロや紛争は自分たちの信仰生活を脅かすから、イスラム側は「聖戦」で（つまり「宗教的に」）応えてしまう。そのせいで結果的に「好戦的なイスラム教」の印象ばかりが強くなる。難しいもんだ。

それではこの章のまとめとして、最後に、このイスラム教の教えが、今日の現実のイスラム諸国にどんな形で現れているのかを見ておこう。

「ユダヤ憎し」を生んだパレスチナ紛争の裏側

パレスチナ紛争は、ユダヤ人vsアラブ人の「パレスチナ（現在のイスラエル）への居住権をめぐる争い」だ。本質的には政治問題だが、あまりに泥沼化したせいで、徐々に「ユダヤ教vsイスラム教」の宗教対立の構図まで出てきた。つまり「ユダヤ人が憎いからユダヤ教まで憎くなってきた」ということ。「坊主憎けりゃ袈裟まで」って話だね。

パレスチナには、紀元前にはユダヤ人が暮らしていたこともある。しかしユダヤ人は長年の迫害で国を追われ、紀元1世紀より、祖国を持たない流浪《るろう》の民となった。そんな彼らが19世紀、ついに「シオニズム運動」を始める。これは彼らが、祖国パレスチナに帰ろうという運動だ。しかしその頃パレスチナには、すでに周辺のアラブ人（後にパレスチナ難民となる）が住み着いていていた。

当然トラブルになる。「出ていけ！」「イヤだ」――しかし、押し問答をしていても埒《らち》があかない。ユダヤ人はこういう時のために、金に汚いと罵られながらも、これまで金儲けに精を出してきた。今こそそれを使う時だ。彼らは今までためてきた金を惜しげもなく使い、パレスチナを一気に「地上げ」、つまり金で買取ろうとした。しかし大枚はたいても、祖国を全部買い戻すには金が足りなかった。

問題がここまでゴチャついたのは、イギリスの「三枚舌外交」のせいも大きい。イギリスは一次大戦後、なんとこんなゲスな密約を、三者と交わしていたのだ。

・アラブ人よ、オスマントルコを倒すのに協力してくれ。そしたらパレスチナに住んでいいよ。（フサイン・マクマホン協定＝1915年）
・フランスとロシアよ、共に戦ってオスマントルコを破ったら、パレスチナも含め三人で領土を山分けしよう。（サイクス・ピコ協定＝1916年）
・ユダヤ系財閥のロスチャイルド卿よ、我々イギリスに資金援助してくれ。そうしたら戦いの後、ユダヤ人にパレスチナを譲るよ。（バルフォア宣言＝1917年）

こんなことしたら誰からも信用されなくなるぞ。しかもイギリスは、オスマントルコに勝った後、結局そしらぬ顔でパレスチナを「イギリスの植民地」にした。

そのうち第二次大戦が始まり、ヨーロッパでは同胞のユダヤ人がナチスの手で生命の危機にさらされ始めた。もはや一刻の猶予もない。ユダヤ人は軍事力も駆使して祖国を奪い返すために戦い続け、ついに1947年「こんな植民地、割に合わん」と音を上げたイギリスがパレスチナを放棄し、その扱いを国連に託した。

そして1948年、国連決議に従ってパレスチナは分割され、ユダヤ人はとうとうパレスチナ全体の55％の土地を手に入れた。そしてそこで、民族の悲願であったユダヤ人国家

「イスラエル」の建国を宣言した。

しかし、この国連による分割決定とイスラエルの建国宣言は、アラブ人を激怒させた。「ふざけるな‼」――事はもうパレスチナだけの問題じゃない。アラブ全体の問題だ。こうして何とイスラエル建国の翌日から、イスラエルvsアラブ諸国（エジプト、シリア、ヨルダン、レバノンなど）による中東戦争は始まったのだ。なおこの中東戦争は今も続いていて、1998年に放送されたNHK・BSドキュメンタリーでは「50年戦争」と呼ばれていたが、もうすぐ「70年戦争」になろうとしている。

イスラエルの強さを支える影の「ユダヤ教徒」同盟

しかし、不思議なことがある。イスラエルの強さだ。中東戦争とは要するに1対多のケンカだ。これをイスラエルは「1」の側で、建国宣言の翌日から70年近くもの間、断続的に何回も戦っている。なのになぜか「1」のはずのイスラエルが非常に強く、いつも勝つか引き分けるかしている。これは一体どういうことなのか？

答えは「アメリカ」だ。実はイスラエルのバックには、超大国アメリカがついている。なぜかというと、アメリカにもユダヤ人が大勢暮らしているからだ。いや、大勢なんて生易しいものじゃない。実はアメリカには「イスラエルの人口に匹敵するほどのユダヤ人」が暮らしているのだ。

古くはコロンブスの時代から、その後はロシアやドイツから、アメリカへはユダヤ人がどんどん入植してきた。要は、どこに行っても迫害（帝政ロシアとナチス・ドイツからは虐殺）されてきた彼らにとって、生きるためには「祖国か新天地」が必要だったのだ。その意味では、ヨーロッパ社会でない「新大陸」は魅力的だった。その結果、イスラエルの人口約800万人に対してユダヤ系アメリカ人の数が約600万人と、ほとんど祖国と遜色ないユダヤ人コミュニティがアメリカに形成されたのだ。

しかもユダヤ人は金持ちで、政財界にも相当顔

ガザ地区への空爆の様子。2014年にもイスラエルとハマスとの間で紛争が起きている

ニューヨーク五番街にある世界最大級のシナゴーグ（ユダヤ教の会堂）、エマヌエル寺院

が利く。だからアメリカは気前よくイスラエルを経済的・軍事的に支え、その結果「強いイスラエル」と「アラブに嫌われるアメリカ」をつくり出したのだ。そう、アメリカがアラブ諸国から嫌われるいちばんの理由は、にっくきイスラエルを支援する国だからなのだ。

イスラエル、アメリカ、アラブ――「啓典の民」の長男・次男・末っ子は、イスラムの教義のままなら良好な関係を築けるはずだが、問題が政治ベースになると、ここまでドロドロのぐちゃぐちゃになる。

三者はその後、1993年次男の大統領クリントンの発案で「パレスチナ暫定自治協定」を結び、イスラエル内にパレスチナ人居住区（ガザ地区&ヨルダン川西岸地区）をつくり、イスラエルとパレスチナ自治政府による共存を図っている。しかし、イスラエルによる空爆、パレスチナ系過激派ハマスによる自爆テロなど、長男と末っ子の「憎しみの連鎖」は、まだ途切れそうにない。

イラン・イラク戦争はムスリム内の「宗派」争い？

イスラム圏の現代史を語る上で外せない人物がいる。イラクのサダム・フセイン元大統領だ。彼は非常に好戦的で野心家だった。街のごろつき出身だったフセインは、1957年バース党に入党してからも常にきな臭い道を歩み続け、たびたび要人暗殺未遂の容疑者として名が上がり、亡命中に死刑判決まで受けている。

彼が所属したバース党とは、シリアとイラクにまたがる「アラブ社会主義復興党」のこと。社会主義を名乗ってはいるが「欧米資本主義やユダヤ人と敵対」する方便としての〝名ばかり社会主義〟で、私有財産制を認めている。イラクでは1968年、このバース党がクーデターで政権を掌握し、そのどさくさでフセインへの死刑判決もなくなった。

バース党が政権を握ると、フセインは帰国して、主に軍事・警察畑で新政権の要職に就いた。その時代にフセインは、自らの職権でイラクをまるで旧ソ連のような密告型の警察国家に変貌させ、1979年に大統領に就任した。

その年隣のイランでは、イラン革命が起こった。これは親米派のパーレビ国王に反発したホメイニ師（イスラム教シーア派の指導者＝イマーム）が民衆とともに立ち、国王を亡命に追い込んだのち政権を奪取したという革命だ。

この時、フセインは考えた。「イランは今、革命で弱体化してるし、シーア派革命がうちに波及したら我々バース党（スンニ派）も危なくなる。よし、やっぱ今のうちにイラン叩くか。ちょうどあいつらアメリカと絶交したばっかだから、今ならイランを叩いても、アメリカは黙認してくれるはずだ。それどころか〝可愛さ余って憎さ百倍〟で、イラクを支援してくれるかも。よーしやるか」――彼は頭の中で猛烈な勢いでソロバンを弾き、こういう思惑でイラン・イラク戦争を始めた。ただこの戦争は思ったより長引き、１９８０年に始まった戦争がようやく終わったのが、１９８８年だった。

COLUMN

イスラム教の2大宗派――「スンニ派」と「シーア派」はなぜ仲が悪いのか

イスラム教には大きな宗派が2つある。「スンニ派」と「シーア派」だ。イスラム教ではスンニ派が多数派、シーア派が少数派だ。人数比率は「9：1」と圧倒的にスンニ派が多い。シーア派メインの国は、イラン・イラクぐらいだ。

スンニ派が重視するのはイスラムの「教え」、シーア派が重視するのは後継者の「血統」だ。ムハンマドの死後、イスラム教では預言者の代理人である「カリフ（ハリーファ）」を血縁関係無視で選び、4代目でようやくムハンマドのいとこ・アリーがカリフに選ばれた。しかしその後の後継者争いでもめてしまい、結局血縁無視のグループがスンニ派、アリーの系統を選んだグループがシーア派となっていく。その後シーア派では、アリーの子孫がウンマの指導者「イマーム」と呼ばれるようになっていく。

こういう両者だから、同じ宗教といえども、トラブルは絶えない。2016年にもサウジアラビアとイランが国交を断絶したが、これなんかもスンニ派のサウジが、国内のシーア派聖職者を処刑したのがきっかけだった。

さらにシーア派は、アリーの子孫の誰を後継者にするかによって、細かく分裂した。十二イマーム派やイスマイール派、アラウィー派などが知られているが、これらはいずれも教えの内容というよりも、派閥争いの結果だ。

中でも今話題になっているのが「アラウィー派」。シーア派の弱小分派にすぎないこの勢力は、シリアでアサド政権を生み出したことで、一躍脚光を浴びた。弱小派閥で大統領を維持するために、アサド政権は親子2代にわたって暗殺や虐殺を繰り返し、シリアの独裁者となったのだ。

さて、長期の戦争でイラクは金欠、それをがっぽり取り戻すには、イラクの石油が高く売れないといけない。そのためには、隣国クウェートの油田を潰してアラブ全体の生産量を減らすのが最もてっとり早い。クウェートはちっちゃい国のくせに埋蔵量がやたら多いから、効果的なんだよな。それに弱そうだし。じゃいっちょやるか――フセインはこう考えて1990年クウェートに侵攻し、湾岸戦争を起こした。

しかしこれはさすがにやりすぎで、たちまちアメリカを中心とする多国籍軍に叩きのめされてしまった。イラクは経済制裁を受け、フセインはおとなしくなった。

イスラム原理主義――なぜ、〝原点回帰〟が危険視される？

冷戦の時代であった1970年代末、アフガニスタンに親ソ政権が樹立したことがあった。その親ソ政権を守るためにソ連がアフガニスタンに侵攻し、逆にアメリカは反政府ゲリラを支援した。冷戦期のよくある光景だ。その後、1992年に親ソ政権は崩壊し、反政府ゲリラ「ムジャヒディン（聖戦士）」がアフガニスタンを支配した。

そして、そのムジャヒディン支配に反発したのが、武装グループ「タリバン」だった。

彼らはムジャヒディンを制圧し、1996年アフガニスタンにタリバン政権を樹立した。

タリバンはいわゆる「イスラム原理主義」を採った。イスラム原理主義とは、イスラム教の原点に厳格に回帰しようという考え方で、現状のイスラム教に腐敗や不満を感じた人々による「イスラム教の宗教改革」だと思えば、わかりやすい。

タリバンはイスラムの原点に立ち返り、麻薬栽培の禁止、犯罪者への厳罰、敵討ち的な公開処刑の奨励、女子への教育や労働の禁止などを行った。人道的に大いに問題ありと国際社会は非難したが、その内容はまさに「イスラム教で宗教改革を行えばこうなる」という見本とも言えるものだった。

しかし、その後も続く戦乱のせいか、タリバンの政策は次第にエスカレートし、同時に戦費捻出の必要性が出てきた。そこでタリバンは、アフガニスタン国内に「アルカイダ」を客人として受け入れることにした。

アルカイダは、国際テロネットワークだ。リーダーはサウジの大富豪の息子であるオサマ・ビンラディン、彼はこの頃、度重なる反米テロ活動で国際手配されており、サウジアラビアから国外追放処分を受けていた。

アルカイダは潜伏先がほしい、タリバンは金がほしい――両者の思惑が一致した。

1996年、テロ組織「アルカイダ」はタリバン政権に資金を提供するかわりに、アフガニスタンにかくまってもらうことになった。

そして2001年9月11日、アルカイダはアメリカで、旅客機をハイジャックして世界貿易センタービルに突っ込むという前代未聞の自爆テロを敢行した。「同時多発テロ」だ。その後アメリカは「アルカイダ掃討のためアフガニスタンを攻撃」し、その結果タリバン政権は壊滅、数年後にはアルカイダの長・ビンラディンも死亡したと報道された。

また、2003年にはイラクがアメリカから絡まれる形で戦争を起こされた。「お前ひょっとして、アルカイダに軍事支援してんじゃね？　大量破壊兵器、隠し持ってんだろ？　素直に出せよ」——イラクは持っていなかったが、アメリカは信じてくれなかった。結局イラク戦争を起こされてイラクは大敗。フセインは2006年に処刑された。

2001年に起きたニューヨーク同時多発テロ。アメリカがアフガニスタンとイラクに報復を行うきっかけとなった

こうした対立構図の背景にあるのは冷戦やパレスチナ問題などの「政治」から生まれたアメリカへの敵愾心《てきがい》であって、イスラム教に根本原因があるというものではない。

「アラブの春」の背景――中東に独裁政権が多いワケ

2010年にチュニジアで始まった一連の民主化革命は「アラブの春」と呼ばれた。写真はエジプトでの革命の様子

２０１０年、失業中だったチュニジアの一青年が、政府批判で抗議の焼身自殺を行った。それをきっかけに一部の市民がブログで反政府デモを呼びかけ、それがまたたく間に国家的規模の反政府運動へとつながり、最終的には23年間もの独裁政権を築いてきたベンアリ大統領は、海外亡命を余儀なくされた。この事件は、チュニジアの国花がジャスミンであることから「ジャスミン革命」と呼ばれている。

このチュニジアでの革命成功の一報は、フェイスブックやツイッターでアラブ全域に拡散された。その流れで今度はエジプトで革命が起こり、ここでも30年続いた独裁政権・ムバラク政権を崩壊させた。さらにその革命の大波はリビアにも押しよせ、42年もの超長期間、最高指導者の地位に君臨し続けたカダフィ退陣を求めるデモへと発展し、最終的にはカダフィを死に至らしめた。

この一連の民主化革命の連鎖、これが「アラブの春」だ。アラブの春は我々に、フェイスブックやツイッターなどのSNSが民主化に有効であることを教えてくれた。

ちなみに、アラブ諸国にやたら独裁政権が多いのは、いわゆる昔ながらの「部族長が地域の長になり、皆を服従させる」やり方のなごりだ。よくあるパターンだと、産油国は支配者も国民もゆとりがあるため抑圧的な独裁にはなりにくいが、非産油国なうえに砂漠に囲まれた厳しい環境だと、支配者が搾取と蓄財に奔走するため、抑圧的な独裁になりやすい。いずれにしても、あの地域の独裁政権の多さは砂漠と歴史につくられたものであって、イスラム教が独裁に走らせたわけではなさそうだ。

「イスラム国」は、なぜ自分たちが〝正しい〟と疑わないのか

イスラム国は、アルカイダ系の武装集団を中心に組織された。

彼らはイラクに拠点をつくった。イラクといえばサダム・フセインだが、フセインは2003年のイラク戦争に敗北し、2006年に処刑されていた。そのイラク弱体化の混乱に乗じて、先のアルカイダ系組織はイラクに拠点を築いたのだ。

その後イラクには親米のマリキ政権が誕生したが、マリキはイスラム教シーア派への優遇政策を採った。元々イラクはシーア派が多数派を占める国だが、軍事力で強引に政権の座に就いたフセインのバース党がスンニ派だったため、イラクではずっと「国内多数派のシーア派が冷遇」される〝ねじれ現象〟が続いていたのだ。

しかしこのアルカイダ系組織は、スンニ派中心。だから彼らはこの政策に反発し、イラク内で国家独立を宣言。「イラクのイスラム国」と名乗り始めた。

その後、イラクと国境を接するシリアで内戦が勃発する。イスラム国はこの機を逃さず、イラクからシリア側へも勢力を広げ、国境線をまたぐ広大なエリアで「イラクとシリアのイスラム国」と名乗り始めた。

そして2014年、イラクからシリアにかけての広範囲を制圧した彼らは、本格的に「イスラム国（ＩＳ）」建国を宣言した。彼らの宗教は一応イスラム教ということになっているが、その行動があまりにも残虐で、教義も自分たちに都合よく解釈してクルアーンから逸脱している箇所も多いため、ほとんどのイスラム諸国は彼らを拒絶または敵視している。

では、彼らなりの〝理屈〟を、ちょっと見てみよう。

IS の理屈1――イスラム教は「戦う宗教」

イスラム国はイスラム教を、イスラム教徒が口を揃えて言うような「平和の宗教」ではなく「戦う宗教」と位置づけている。イスラム教の歴史は異教徒との戦いの歴史であり、平和とは、その戦いを経て勝ち取るものだという理屈だ。つまり、イスラム教が平和を望むなら「まず戦うこと」が求められるということになる。イスラム国が今戦っているのも、まさにそのような異教徒との「聖戦（ジハード）」なのだそうだ。

IS の理屈2――奴隷制と「性のジハード」

イスラム国では「女子供の奴隷化」を認めており、特に女性には「性のジハード」に参加することを勧めている。

性のジハードとは何か？　もう想像つくと思うが、要は女性に「慰安婦になれ」と言っているのだ。つまりイスラム国によると、クルアーンの教えで女性は戦場で戦うことができないが、戦場で戦う男たちに体を捧げることならできる。そしてそれを実践しさえすれば、女性もジハードに参加したと認めることができるという理屈だ。

教義的に見ると、たしかに筋が通っていると言えなくもないが、とてつもなく身勝手で男本位の理屈だ。

ＩＳの理屈３――偶像崇拝禁止と墓場泥棒

イスラム国は、遺跡や文化財を破壊しては闇市場で売りさばき、活動資金にしている。その際彼らが大義名分としているのが「偶像崇拝の禁止」だ。彼らは預言者の聖廟を爆破しては墓場泥棒をしているが、彼らによると、そもそも偶像崇拝禁止のイスラム教なのに拝むべき聖廟があることがおかしいから、破壊しなければならないとのことだ。

連中の言うことは、ちょっとずつ筋が通ってる分だけ、一見正しく見える。でも、『クルアーン』にちゃんと「盗みの報いは両手切断」と書いてあるぞ。「破壊しなければならない」を「盗んでもよい」にすり替えちゃいけない。

ISの理屈4――残虐な公開処刑

イスラム諸国には、今でも公開処刑が残っている。基本的に彼らの刑罰は、アッラーがお示しになる「見せしめのための懲らしめ」だから、イスラム教的には筋が通っている。さらにイスラム法の考え方では、処刑に立ち会って悪者が報いを受けるのを見届けるのは「遺族の権利」であり、これが公開処刑を正当化する根拠となっているのだ。

しかし、イスラム国の公開処刑はやりすぎだ。まず彼らは自国の犯罪者ではなく、外国人ジャーナリストを公開処刑している。しかも処刑理由が、犯罪処罰ではなく「身代金や仲間の釈放要求が通らなかった」ため。

何じゃそりゃ⁉ そんなの30年前なら通用したかもしれないけど、「テロに屈しない」が合言葉の今日の国際社会で通用するわけないよ。こんなやり方では、いくら独立国家を名乗っていても、この先国際社会で確実に孤立し、似たようなはぐれ国家しかつき合ってくれなくなるぞ。

しかも処刑人を子供にしたり外国人にしたり、はたまた実の子が母親を処刑したりと、彼らの残虐ぶりと非人道性は、日に日にエスカレートしている。

ISの理屈5――戦闘員の公募

イスラム国では、海外から戦闘員を公募している。もちろん「イスラム教徒がジハードに参加する」という形になればいいわけだから、彼らの思想に共鳴した人を、イスラム教に改宗させてから受け入れるという手順は踏まえている。だが実際のところは、海外から「暴れたい・殺したい・働きたくない・社会は俺をわかってくれない」といった、イスラムの大義とは関係ない人を集めている側面がある。

なんか、中国の文化大革命期の「紅衛兵」を思い出した。あれは生意気盛りの中高生に、反革命的な大人を吊し上げる権利を与えたもんだったけど、胃がむかむかするような味の悪さは似ている。いや、イスラム国の方が「暗い」か。

２０１６年現在、イスラム国の戦闘員は約２万５０００人で、そのうち約半数が公募で集まった外国人戦闘員だといわれている。

今やイスラム諸国をも敵に回すイスラム国だが、数多くの油田を制圧しているため資金も潤沢で、まだ沈静化には時間がかかりそうだ。

うーん、やはりイスラム諸国の激しい動きは「政治」が主要因であって、「イスラム教

＝戦闘宗教」という先入観は誤解っぽいな。宗教で対立する形があるとするならば、「まず政治でもめ、そのせいで宗教まで憎くなる」パターンだ。

そもそも、世界で最もイスラム教徒が多い国はインドネシアだ。インドネシアは人口2億3000万人中、約2億人がイスラム教徒だ。インドネシア人に好戦的な戦闘民族のイメージがない以上、この誤解はやはり解かないと、多くの善良なイスラム教徒に悪いし、己の無知をさらしているようで恥ずかしい。

イスラム諸国の多くは、石油が採れる上に、冷戦期西にも東にも属していなかった。そういった特殊性・希少性が大国に利用され、トラブルに巻き込まれた側面が強かったな。

内戦状態になっているシリア。混乱に乗じたイスラム国の伸張などを恐れた人々が国を離れ、多くの難民が生まれることになった

7章

日中韓「儒教」国家三兄弟の違いと共通点

――「お上にとって都合のいい」思想は、今どこまで残っているか

次は「儒教文化圏」の日本・中国・韓国について見てみよう。

儒教は宗教というよりも道徳だ。つまり死後の救済ではなく、現世を生きるための世俗的な倫理を説いている。

そしてその道徳は、「天」を中心に語られる。天とは「儒教の神さま」みたいな超越的存在で、僕らの道徳の源泉にして監視役だ。つまり僕らは、ふだんから天を意識し天の命（天命）に従うことで、道徳的でいられるのだ。

儒教文化圏には、この天にまつわる言葉がたくさんある。例えば僕らはこの世界を「天下」というが、これは「天の下にある世界」という意味だし、「天罰」は天から下された罰、「天才」は天から授かった才能だ。他にも、夏目漱石晩年の達観した境地・「則天去私」（天に則してエゴを去る生き方）だって儒教からくるものだし、「天はすべてを知っている」「天は二物を与えず」「天に唾する」「天網恢恢疎《てんもうかいかいそ》にして漏らさず」（悪人には必ず天罰が下る）など、みーんな儒教由来だ。

そして儒教では、天の命に背いた国は滅びる。これが「易姓革命」だ。易姓革命とは「もしも為政者が天命に逆らう政治で天を怒らせたら、その時には〝天命が革《あらた》まって国王の姓が易《か》わる〟」という意味だ。

だから国家には、徳を備えた為政者が求められる。これが「君子」だ。そしてその君子が天命に従って行う有徳な政治が「徳治政治」だ。儒教がめざすものは、まさにこの「君子による徳治政治の実現」なのだ。

では我々儒教文化圏の日中韓は、はたしてそのような有徳な政治を実現しているのか。あるいは儒教は、もはや政治とは無関係の、単なる生活の規範にすぎなくなっているのか。その辺のところを探ってみよう。

乱世にあえて「徳」を説いた儒教の〝狙い〟とは

「儒教は孔子がつくった思想」と思われがちだが、少し違う。儒教のルーツはもっと大昔の王朝にあり、孔子はその時代に存在した理想的な政治を、戦国時代に焼き直そうとした人物なのだ。

儒教思想の源流は、周王朝にある。周は中国古代の王朝で、栄えたのは紀元前1000年頃のことだ。孔子がいた春秋戦国時代が紀元前770～紀元前220年ぐらいだから、時代的にはずいぶんと開いている。そして周人は、元々「天」に対する信仰を持っていた。

その周に「周公」という人物がいた。正確には「周公旦」。彼は周の王族で、文王（周の黄金期を築いた王）の子にして武王の弟だった。周公は父を助け、兄を助け、甥の成王を摂政として助けることで、世に聞こえし徳治政治を実現するのに貢献した。その忠義な姿が人々から讃えられ、その後周公は、周を代表する忠臣・聖人として尊崇されるようになった。そして孔子はこの周公の徳治政治を、戦国時代に復活させようとしたというわけだ。

東洋思想家の黄金期――「諸子百家」が生まれた時代的背景

孔子は「諸子百家」と呼ばれる人たちの1人だった。

諸子百家とは「数多くの独創的思想家」という意味だ。

孔子がいた戦国時代、各国の為政者は優秀な策士・アドバイザーを求めていた。つまり〝乱世を生き抜く知恵〟に値段がついていたのだ。そうなると当然、為政者に自分のアイデアを売り込む連中が出てくる。それが「諸子百家」であり、孔子もその1人だったのだ。

ちなみに、各思想家のグループを「～家」といい、孔子は「儒家」のリーダーだった（儒家という名前になぜなったのかは不明）。

でも妙な話だ。ふつう戦国時代のアドバイザーなら、道徳ではなく戦術を説く。実際その他の諸子百家といえば、「敵を知り己を知れば、百戦危うからず」で有名な戦術論のカリスマ・孫子(兵家)や、外交的な駆け引きを得意とし、有名な〝合従連衡(ケース・バイ・ケースで包囲と和睦の使い分け)〟を説いた蘇秦や張儀（縦横家）など、名だたる戦術家が多い。でも、儒家の孔子が説いたのは道徳……。

これはどうやら、孔子が求めたものが「勝ち方」ではなく「勝った後の世界」だったということのようだ。これも気持ちわかるなー。だって中国の戦国時代は、550年も続いたんだよ。これだけ乱世が長びくと、誰だって落ち着いた平和な暮らしに憧れる。だから孔子みたいに「乱世が続いているからこそ、民は有徳な政治を求めていますぞ」的な考え方が出てくるのもよくわかる。

でもこれは順番がおかしい。そんなことは自分が頂点に立ってからやればいいことだし、そもそも民衆だって「まず乱世を何とかしろよ」が要望のはずだ。それを疲れたからといって、まだ乱世なのに道徳を説くなんて……これではまるで、肩パットでヒャッハー迫りくるモヒカンどもの秘孔を突きまくるのに疲れたケンシロウが、まだモヒカンがうじゃうじゃいるのに「もうモノポリーとかでよくね？」とか言い出すようなものだ。

結局孔子が提示したのは乱世の制し方ではなく「乱世後の国作り」だったのだ。だから孔子の考えは誰からも採用されず、評価されたのは戦乱が終わってからとなったのだ。

儒教の核・「仁」と「礼」は、人に何を求めるのか

儒教思想の最も根本にある核は「仁」だ。

仁とは「人間愛」のことだが、孔子はその仁の根本を「孝（親子愛）」と「悌《てい》（兄弟愛）」だと述べている。ということは、どうやらここでいう人間愛は、普通にとらえる人間愛とは少しニュアンスが違いそうだ。

仁の人間愛のニュアンスは、「親子」「兄弟」をヒントに考えればわかる。それは「身内であること」と「上下関係があること」だ。つまり仁はただの人間愛ではなく、家族愛と上下の序列を基本とする親愛の情なのだ。

もちろん家族愛とはいっても、家族愛オンリーではなく「家族愛から広がってゆく人間愛」ということだ。しかし軸は家族愛にあるわけだから、仁はその性質上、身内や一族、民族同胞を大事にする考え方となる。

さらに上下の序列を重視する考え方は、タテ型の社会秩序へとつながっていく。しかし、上下の序列を説くのは珍しいな。実際には不平等があるとはいえ、建前上はキリスト教は「神の前での平等」、イスラム教は「信者間の平等」を説いている。これらと比べると、儒教は明らかに異質だ。

そして我々は、「忠（まごころ）」と「恕《じょ》（思いやり）」をもって仁を心がける。そうして表れてくる社会規範が「礼」だ。国家の規範でいうならば、仁は理念だから憲法、礼は具体的な行動規範だから法律といったところか。そしてこの仁と礼を実現させた社会こそが、天命にかなった理想的な社会になるわけだ。

結局孔子の儒教は、身内意識や同胞意識で結びついた人たちが、タテ型の社会秩序を形成し、その中で君子が、自らの徳をもって人民に手本を示し、道徳的に世を治める社会づくりを理想としているってことだ。孔子はそのような考え方に基づき、国民みんなが天地を祀り、祖先を敬い、君主長老に従い、親に孝を尽くし、人に仁愛をほどこすような国づくりをめざしていったんだ。

儒教思想にはこれ以外にも、孟子の「性善説」、荀子の「性悪説」、朱熹《しゅき》の朱子学、王陽明の陽明学などがあるが、「人間の本性は欲望まみれの悪だから、礼（社会規範）で矯正しよう」と説いた荀子以外は、基本的にみんな「仁」を重視している。

さあこの仁と礼、今の日中韓にどんな形で残っているのか、見てみよう。

儒教の〝残り香〟をたどる――日中韓の宗教観

残念ながら今日の日中韓で、政治を儒教的道徳に寄せている国はない。なぜなら道徳的な政治は、厳しい国際社会を生き抜くにはかえって「ジャマ」になるからだ。

国際社会に1人だけ「有徳な為政者」(＝お人よし)がいれば、おそらく皆から利用されたり食い物にされたりする。中世イタリアの政治家マキャベリも、乱世を生き抜く王には道徳や信仰心などかえってジャマで、必要なのは「目的のためには手段を選ぶな」という気概だと言っている。

じゃ儒教はまったく政治に活かされることはないかというと、そんなこともない。儒教の「仁」は「上下の序列」を重んじるから、為政者にとっては国の統治システムに儒教を導入するのは魅力的なのだ。だって儒教さえ導入すれば、みんな君臣・父子など上下関係をわきまえるようになり、目上の人を敬うようになるからね。そうすれば、為政者も敬ってもらえて、自分の地位が安泰になる。

あと「礼」も当然残っているな。礼の社会規範を礼儀作法やマナーとして生活の中に残し、政治はきっちり西洋風の合理主義で割り切る、なんてパターンも増えてきた。

ではこの儒教、世の中にどう残っているのか、国別に見てみよう。

日本の儒教——為政者がおいしいところだけ取った歴史

まずは日本だ。

江戸時代に入る前までの日本は、儒教ではなく仏教中心だった。平安時代に末法思想が流行し、その後世の中は次第に戦乱の世に入ってゆく。こんな時代は、生きることに希望を見出すのは難しい。だからこの後戦国時代が終わるまで、「死後に極楽往生」をめざす浄土信仰を中心に、仏教が大流行した。

しかし戦国時代が終わると、時代は徳川将軍家による「天下泰平」の時代になる。平和な時代に突入すると、人間は寿命か病気以外では死ななくなる。そうすると死後の救済ばかり謳《うた》う仏教よりも、現世を生きる倫理が欲しくなる。

そうすると、求められるのは仏教ではなく儒教になる。しかも儒教の「上下の序列」を重んじる考え方は、為政者サイドとしても都合がいい。みんなが自然にタテ型の社会になじみ、すんなり主君に服従してくれるからね。そういうわけで江戸時代は、全体的に儒教が主流の時代になった。ちなみに「易姓革命」は、日本に〝天〟という観念がないこと、天皇に「姓」がないことなどから、日本には定着しなかった。

しかし江戸末期、幕末の頃になると、日本は西洋の脅威に怯えることになる。いかに東洋の儒教道徳が優れていても、目の前に迫る西洋の技術にはかなわない。この頃から「和魂洋才」、つまり道徳面では儒教を基本としつつも、技術面では西洋文化を摂取していかなければならないとの危機感が生まれてきた（＝東洋道徳、西洋技術）。

そしてその後明治に入ると、もう日本は、国民も政府も西洋一辺倒になってしまった。学問・文学・芸術のあらゆる面で西洋の影響が大きく見られるようになり、政府も西洋の技術や文化を積極的に導入する「欧化政策」を採り始めた。

しかしここまで極端に西洋文化に偏りすぎると、今度は日本文化を守ろうとする危機意識から「国粋主義」が現れる。国粋主義とは日本の伝統の独自性・優位性を訴え、それを積極的に広めていこうとする立場で、三宅雪嶺《せつれい》や志賀重昂《しげたか》などが参加した政教社の雑誌『日本人』が提唱したのが、その始まりとされる。

そしてその後、軍部が台頭してくる頃になると、その国粋主義の流れにあった「皇国史観」が、軍国主義に利用されるようになっていく。つまり「日本は神の国であり、万世一系（＝永遠に続く系統）の天皇が統治するのが正統であって、国民は天皇の〝臣民〟（天皇の家臣としての国民）として、忠孝の美徳をもって天皇に仕えなければならない」という考えだ。軍部はこの考えに基づき、国民に対して「だから今こそ天皇を主君として崇め、滅私奉公せよ」と呼びかけた。こうして、日本は戦争へと突入するのである。

中国の儒教――一度破壊されたのに、近年見直されつつあるワケ

中国は儒教発祥の地だ。そういう意味では儒教はやはり中心的な学問で、儒教的な礼節やマナーも国民に広く浸透しているが、宗教としては儒教の後に仏教が入ってきて、その後道教も生まれている。

道教とは民衆思想の1つで、中国に古くからある呪術に加えて、無為自然（＝人為・作為のない素直で自然なあり方）を説く老子や荘子など道家の思想（＝老荘思想）や不老不死の神仙術、さらには仏教が混ざってでき上がったものだ。

中国では「儒教は天理を、仏教は心を、道教は肉体を説く」とされ、どれも国民から支

持される思想だった。なるほど、つまり儒教からは天命に基づく道徳を学び、仏教からは煩悩を捨て去った心の安らぎの境地（＝涅槃）を学び、道教からは肉体的な不老不死のめざし方を学ぶってことか。ただ、やはり長い目で見ると、全体的に儒教思想が中心的であったことは疑いようもない。

しかし第二次世界大戦が終わり、毛沢東の中国（社会主義）になってからは、儒教思想は敵視されるようになった。たしかに儒教は封建道徳の源となっていた考え方だし、そもそも平等をめざす社会主義とタテ型の社会秩序を求める儒教では、最初から水と油だ。かみ合うわけがない。結局儒教研究や儒教に基づく教育は禁止され、研究者は粛清されるか思想改造を余儀なくされた。

そしてその儒教批判のピークは、１９６６年から始まった「文化大革命」期に訪れた。文革期、儒教批判は「批林批孔運動」として大々的にキャンペーンを張られたのだ。

批林批孔運動は、文革当時の政治家・林彪《りんぴょう》（クーデター未遂者とされる）と孔子（封建的な思想家）を、ともに社会主義の敵として、抱き合わせで糾弾した運動だ。つまり「孔子は封建道徳をつくって人民を苦しめた極悪非道な人間であり、林彪はその復活を企てた人間である」というノリで、両者を批判したわけだ。

しかし、そこで発表された孔子批判がすごすぎる、というか面白すぎるのだ。たぶん批判している当人たちは大マジメなんだろうが、そこで使われる毒々しいフレーズは、あまりに孔子と異質の言葉ばかりで、見ていて噴き出しそうになる。

これは学研から発売されている拙著『人物で読み解くセンター倫理』でも紹介した『批林批孔論文集』（北京・外文出版社）からの抜粋だが、ここに登場する孔子は聖人君子ではない。まるで山賊の首領だ。

「孔子は黒い手本といえる」
「孔子の目は殺気にみなぎっていた」
「孔子は反革命の政治ペテン師である」
「孔子はブタ肉をつかんではむさぼり食い、酒をあおった」
「孔子が利にありつく時は、飢えた狼のように、何もかも飲み込もうとした」
「孔子は、ぶらぶらして、耕作もせずに食い、養蚕もせずに衣服を着る寄生虫」

すげえ！　社会主義と儒教って内容的にも水と油だけど、ムリヤリ混ぜるとこんなに面白フレーズになるのか。どれも見事に孔子を表してない。本書には他にも「妖怪変化」「大毒草」など、秀逸なワードが続く。しかしこの本、明らかに中国が資本主義国向けにつくったプロパガンダ本なんだけど、いったい何を宣伝したかったんだ⁉ でも当時の中国では大マジメにこの運動が展開され、儒教と儒教精神は、孔子像とともに粉々に破壊された。

ところが21世紀に入って、中国は「儒教復活」の兆しを見せ始め、2004年からは中国文化の海外普及機関として「孔子学院」の設立を始め、現在では世界中に約300校存在する。そしてその翌年の2005年には中国政府主催で「孔子生誕記念式典」を開き、2011年にはなんと天安門広場近くに、高さ9・5mの巨大な孔子像が作られたのだ。

これは恐らく中国共産党が、時代の変化に対応しようとした結果なのだろう。つまり、文化大革命による社会の荒廃（次章で説明）や冷戦終結による社会主義の衰退が続いたことで、国民が中国の社会主義に不信感を抱き始め、共産党としては「新たな統治の正当性」が必要になり、それを中国人になじみ深い孔子に求めたわけだ。

今では中国共産党の綱領に「小康社会（ゆとりのある社会）」や「以徳治国（徳で国を治める）」などの儒教ワードが使われるようになった。しかし、社会主義国でこんな封建ワードを使いまくるなんて、これはペテンじゃないのかな？ 中国は何だかんだ国民から政府が怖がられているからこんな無茶がまかり通るけど、普通の民主国家でこんな極端な政策転換やったら、内閣不信任あたりじゃすまないかもね。

しかも中国は1993年より「社会主義市場経済」を導入し、社会主義を名乗っていながら、経済はほぼ資本主義化した。今では社会主義国なのに「富裕層」なんてものが存在するし、今日もせっせと東京や大阪に来ては〝爆買い〟する。マカオのカジノに行った時、いちばん大声張り上げてギャンブルに興じ、5000香港ドル（7000円ぐらい）紙幣をじゃんじゃんチップに換えていたのも中国人だった。これもペテン？

それにしても、社会主義国家なのに富裕層に儒教か……。ハラ壊しそうだな。「中国共産党による仁政」なんて、たちの悪い冗談だ。

韓国の儒教――マナー大国のウラで「独特なプロテスタント」が今や人気

韓国は、14世紀まで続いた高麗《こうらい》の時代までは仏教中心の国だったが、その後20世紀まで続いた李氏朝鮮の時代以降は儒教中心になり、その頃から韓国人の生活には、日本以上に儒教が浸透している。

日本もたいがい儒教的なマナーや礼儀にはうるさいが、韓国の比ではない。テーブルに着く席順から目上の人の前でのマナー、家族のつながりの濃さ、タバコの吸い方、男系中心の家族、墓参りの仕方、年功序列に男尊女卑、どれをとっても韓国の方が圧倒的にうるさい。特に老若・男女・親疎などの区別にはうるさく、彼らに言わせると「序列がないのは悪平等であり、動物の世界と同じ」なんだそうだ。

ということは今日でも、韓国では儒教の信奉者が圧倒的に多いのかと思いきや、意外なことに韓国で最大の信者数を誇る宗教は「キリスト教」だった。今日では韓国人の約30％がキリスト教徒で、そのうちの3分の2くらいがプロテスタントだ。

韓国のクリスチャン人口は戦後増えたが、それには朝鮮戦争がきっかけになったと言われている。朝鮮戦争では、韓国軍はアメリカを中心とする多国籍軍を味方につけ北朝鮮軍と戦ったが、韓国と北朝鮮は元々1つの国家・同じ民族なんだから、当然どちらも同じ顔だ。そうすると、ただでさえアジア人の顔の見分けがつかないアメリカ軍の連中からしたら、どちらが友軍なのか瞬時に判断できなくなる。そこで混乱を避けるために、アメリカ軍は韓国軍兵士たちに、友軍である目印として、首から十字架をぶら下げさせた。このあたりから、クリスチャンが増えたんだそうだ。

その韓国最大の宗教・キリスト教のプロテスタントだが、実は韓国のプロテスタントは少し変わっている。何というか、土着のシャーマニズムと儒教も混じり合ったような、かなり独特なキリスト教だ。

まず韓国のプロテスタント教会では、死後の救済（最後の審判の後、天国へいくなど）みたいな来世のことよりも、現世での利益を強く訴える。これは世俗的な生き方を説く儒教の方向性と見られている。

そしてそういう内容の説教を、神父が信者に対して、神がかった様子で熱狂的に説く。映画『ブルース・ブラザーズ』でジェームス・ブラウン扮する牧師が、信者に説教しているうちにだんだん昂ぶり、最後はその内容を熱狂的に歌い上げるシーンがあるが、あれに近い形といえるかもしれない。信者も、そのような熱狂的な説教を聞くうちに、だんだんトランス状態になっていく。たいがいの日本人が見たら、最初はびっくりして、カルトのように見えるかもしれない。そうした欧米のプロテスタントとは別の道を歩んでいるように見えるのが、韓国のプロテスタント教会だ。

そんな韓国のキリスト教にとって、日本は「サタン」、神を信じる自分たちに災いをもたらすサタンとされているらしい。この解釈が正しい聖書理解からくるものなのか、それとも反日プロパガンダの一環なのか、それとも……

COLUMN

日中韓の仏教――なぜ、〝消えて〟しまったのか

日本・中国・韓国といえば、本来なら「仏教」が真っ先に浮かぶはずだ。何といっても世界三大宗教の1つ。信者数の上では今日ヒンドゥー教に大きく水をあけられているとはいえ、そこはそれ。まだまだ東アジアの中心宗教として君臨していてもおかしくないはずだ。

ところが仏教は、はっきり言ってパッとしない。タイやスリランカはともかく、少なくとも日中韓の東アジアでは、仏教は「過去の遺物」的な残り方しかしていない。寺には行くけど仏教徒ではない、墓はあるけど仏教徒ではない――みたいな形だ。

なぜか？　それは仏教の教えが、平和な時代にバリバリ稼ごうとしている今の日中韓みたいな先進国に合う考えではないからだ。

ブッダが説いた仏教は「苦の原因とその解消法」についての教えだ。それによると、人間が抱える最大の苦しみは「煩悩（＝執着心）」であり、この煩悩にとらわれて真実が見

えなくなると、人生余計に苦しくなる。例えば「好きな人とずっと一緒にいたい」「若さや命をなくしたくない」「財産を増やしたい」などは、内容が無邪気か不純かにかかわらず全部煩悩だが、よく考えたら、この中に永遠不変のものは1つもない。

　そう、万物はたえず変化し生まれては消えてゆく（＝諸行無常）し、万物の中に永遠不変の実体を持つものもない（＝諸法無我）。これが世の真実だ。しかし煩悩に夢中になると、その真実が見えなくなり、その結果それらを失った時、さらに深い悲しみに襲われる。

　ならばどうすればいいか？　答えは「煩悩を捨てる」だ。世の真実をしっかり見つめて煩悩を捨てることができれば、そこで初めて心の安らぎ（＝涅槃《ねはん》（ニルヴァーナ））が実現する。これがブッダの説く仏教だ。

　しみじみと心にしみる、とてもいい教えだ。でも残念ながら今の日中韓には合わない。なぜならこれは、我々に「稼ぐな」と言っているのと一緒だからだ。

　資本主義の基本は競争であり、そこではみんながリッチになることを夢見てしのぎを削る。でも仏教は「夢なんか見るな！　手に入んないとつらいぞ。そんな思いするくらいなら、最初から求めるな」と、せっかくの僕らの野望に水を差しまくる。

これでは2シーターの黒レクサスを月6万円の駐車場に入れた後、ウォーターフロントのタワーマンションの最上階でスカイツリーの夜景を楽しみながら、アフターで誘い出した時給8500円くらいのキャバ嬢の肩を抱いてシャンパンを楽しみたいと思っている〝煩悩企業戦士〟たちのテンションは上がらない。

資本主義とはとどのつまりは〝ザ・煩悩〟だ。今の日中韓は、すべて煩悩めざして突き進んでいる。「手に入んないとつらいから求めない？　そんな悟りきった坊主みたいな寝言が言いたきゃインドの山奥にでも行け。日中韓は〝欲望の城〟なんだよ」

結論。ブッダの仏教は、欲望を原動力に発展してきた先進国向きではない。この仏教は、求めるものが手に入らず、愛する者を失いやすい発展途上国の人々の心を救う宗教に向いているものなのかもしれない。

末法思想、浄土信仰……「仏陀以外の仏教」の正体

「ブッダ以外の仏教」にも少しだけ触れておく。ブッダが死んだ後、仏教は各宗派が各々

オリジナリティを出そうと様々な考え方を加味していった結果、ブッダの考えとはだいぶ違ったものが増えた。我々日本人にはなじみ深い「死んだ後、極楽浄土に往生して救われる」なんて考えも、ブッダの仏教には存在しない。そもそもブッダの仏教では、死は救いではなく「煩悩がかなえられない状態」だから「四苦（生・老・病・死）」と呼ばれる〝人生苦〟の1つに数えられる。

この「死後に極楽浄土に往生」という考え方は、社会不安が大きかった平安時代の日本で生まれた考え方だ。当時は「末法思想」という一種の終末思想が流行していた。これは釈迦の死後、年数が経ちすぎて、世の中から仏法が失われ、社会不安が増大するという考え方だが、実際当時は「ああ末法の世に入ったんだなあ…」と思わせるような戦乱や社会不安も数多くあった。

どうしよう、このままでは現世に希望を見出せない。ならばいっそ、死後に極楽に行けることを救いにしよう――こうしてこの考え方は「浄土信仰」として大流行し、極楽浄土の御主人さまである阿弥陀仏に救いを求める「南無阿弥陀仏」の念仏が流行ったのだ。

しかしこれも今の日中韓には向かない。やはり仏教は、いつ死ぬかわからない戦乱の世の人々には心に響くけど、寿命以外でなかなか死なない現代の先進国にはあまり響かない考え方なのかもしれないね。

仏教の生まれ故郷で幅をきかせる「ヒンドゥー教」

インドといえばカースト制度が頭に浮かぶが、実はカースト制度は仏教ではない。あれはバラモン教から発展したヒンドゥー教に受け継がれている。

カーストといえば、バラモン（祭祀階級）・クシャトリア（王侯、武士）・バイシャ（平民）・スードラ（隷属民）の4つが有名だが、これらは「ヴァルナ」と呼ばれる基本カーストにすぎない。そのうちバイシャを細かく見ると、その内訳は約4000種類もの「ジャーティ」と呼ばれる職業カーストから成っている。

今日のインド憲法を見る限り、カーストに基づく差別はルール上は禁止になっているはずだが、3500年もの歴史をもつこの制度が、そんなに簡単になくなるわけがない。現在でもカーストによって就ける職業・就けない職業が厳しく制限されており、このへんが

「インドは人口は多いが製造業に向かない国（みんなが同種の単純労働に就けるわけではないから）」と言われる所以《ゆえん》だ。

しかしそんなインドでも、近年めざましく成長している産業がある。IT分野だ。なぜならIT分野は、あまりにも新しい職種のためどのカーストからも自由であり、あらゆるカーストから優秀な人材が集まる。しかもインドは英語圏であり、アメリカとの時差が12時間。ということはインドは、アメリカのシリコン・バレーあたりの仕事を、アメリカ人が寝てるうちに仕上げといてくれる、非常に便利な「働き者の小人さん」みたいな外注（アウトソーシング）先になるのだ。途上国がIT化で、一足飛びに産業構造を高度化させるケースはままある。インドは製造業よりも、そっちの方が注目だ。

8章

「社会主義」が見た資本主義の〝恐ろしさ〟とは

――平等を目指した挑戦が、なぜ「独裁国家」を生んでしまったのか

ここでは、社会主義と社会主義国家について見ていこう。

「ドイツ」の章では、社会主義を〝ドイツ生まれの思想〟として簡単に説明したが、そんな軽い扱いでは、戦後世界における社会主義の比重と全然釣り合わない。なぜなら社会主義はかつて、資本主義と世界を二分する一大勢力だったのだから。つまり極端に言えば、世界の半分が社会主義だったのだ。

もちろんそれは冷戦期の話だ。冷戦期とは、終戦直後から始まり、ベルリンの壁の崩壊や冷戦終結宣言（ブッシュ（父）・ゴルバチョフのマルタ会談）が出された1989年までの間だ。この時期、アメリカを中心とする資本主義諸国（西側）とソ連を中心とする社会主義諸国（東側）は、事あるごとにぶつかり合った。実際の米ソ戦争こそなかったものの、米ソがバックについて途上国同士（または「政府軍vs反政府ゲリラ」）を戦わせる「代理戦争」も多かったし、核兵器の開発競争もエスカレートした。

一般市民のレベルでも、冷戦意識は浸透していた。当時の日本で「ソ連大好き！」なんて人は少なく、ほとんどの人がソ連人を「こわい」と思っていた。本当かどうかは知らないが、この頃は大学の第二外国語でロシア語を選択すれば、自動的に公安警察にマークされたと聞いたこともある。

学生時代、思想犯とは縁もゆかりもない面白半分でロシア語を履修していた僕は、その話を聞いて、マジで何回か道でバッと振り返ったことがある。ひょっとしたら『カイジ』の「黒服」みたいな連中に尾行されてるかもしれないからだ。だがいなかった。たぶん当局に、僕が7年生まで通っておきながらロシア語のあいさつすらできない虫であることが伝わり、マーク解除されたのだろう。スパシーバ当局。

映画やドラマに出てくるソ連人も、ひどいイメージだった。たいていは血も涙もないスパイか殺し屋だったし、浦沢直樹の『YAWARA!』に出てくるテレシコワも、クールで冷血な女子柔道選手だった。

ロシアのウラジーミル・プーチン大統領。元KGBのエージェント

柔道といえば、現在のプーチン大統領も相当強いらしいが、ちょうどあんな風貌が、かつてのソ連人の典型的イメージだ。あの『闇金ウシジマくん』のウシジマくんや『進撃の巨人』のリヴァイ兵長にも通じる、体温の低そうな感じ。

ちなみにプーチンは本当に柔道が強くて、名誉段位じゃなくガチ五段。僕は柔道部だったからよくわかるが、五段の人は人じゃなくて〝岩〟。あんな人がうちの部の顧問だったら死ぬな。練習はキツいし坊主にされるし強豪校とばっか練習試合させられるし。で試合に行くと市の偉いさんから「お前らの学校は顧問だけ強いな」とかイジられるんだよ。

しかもプーチン、若い頃にレニングラード大会で優勝までしている。レニングラードといえばソ連第2の大都市だから、日本でいえば大阪府代表ぐらいの強さか。国家元首のくせにSPより強いぞ。しかも元KGB（旧ソ連のCIA的組織）の職員として東ドイツで諜報活動歴あり。まさに「ミスターソ連」「歩く冷戦」だ。

当時10代だった僕も、会ったこともないのにソ連人は怖いと勝手に決めつけていたな。僕が抱いていた彼らの印象は「笑わない・感情がない・オリンピックで金メダルを取りまくる」だった。

今思えば彼らが笑わなかったのは、単に当時のソ連が今の北朝鮮と同じだったから「笑えなかった」だけだし、オリンピックの金メダルだって、国家の威信のために幼い頃から人権無視の英才教育やドーピングを強要されて「取らされていた」だけなのだ。しかしソ連、本当に金メダルにこだわっていたな。あれはたぶん、対外的な強さのアピールだけじゃなく、「アメリカより金メダルを取れるソ連は、やはり正しい」と、国民を納得させる手段でもあったんだろうな。

何にせよ、かわいそうなのは選手だ。彼らは金メダルを取るという「義務」を果たしてもニコリともせず、逆に金メダルを逃すと、泣くのではなく「青ざめて」いた。国に帰ると、どんな目に遭わされていたんだろう。

とにかく世界が緊張していた時期で、世の中で起こる様々な出来事の大半は、この米ソの対立を軸に見れば、理解できることが多かった。

そして、ここが大事な所だが、当時のソ連や毛沢東時代の中国、あるいは現在の北朝鮮などには、すべてに同じ特徴があるのだ。それは「個人崇拝／思想改造／抑圧的（自由の欠如）／密告・監視国家／全体主義的」の5点だ。

なぜだ？　社会主義思想を体現した国家をつくると、必然的にこうなるものなのか。どれ1つとして、マルクスやレーニンの本には書いてないぞ。あるいは何か別の理由があるのか⁉　本章では、その点も含めて、社会主義思想と現実の社会主義国家について、順を追って見ていこう。

「むき出しの資本主義」の残酷さを知る思想

資本主義が「自由」をめざすのに対し、社会主義は「平等」をめざす。このめざす方向性の違いから、両者は対立しがちだ。

「なら両方めざせばいいじゃん」と思うかもしれないが、そうはいかない。なぜなら自由と平等は、両立できないからだ。

よく政治家は「自由と平等の実現した社会を」なんて耳ざわりのいい言葉を口にするが、それは無理だ。なぜなら、自由をめざせば社会は競争的になって勝ち組と負け組（つまり不平等）に分かれるし、平等をめざせば強者の自由を大幅に制限するからだ。

「強者の自由を制限する」とは、例えば「累進課税制度」などのことだ。累進課税は「所得が増えるほど税率が上がる」制度だけど、あれはよく考えると「無制限に稼ぎたい」と思っている金持ちの経済的自由の制限になっている。

しかも金持ちからたっぷり取った税金を、その後政府は社会保障で弱者に分配する。この合わせ技は、ピュアな資本主義ではあり得ない「資本主義の修正」だ。むき出しの資本主義社会は、もっと残酷で無慈悲な世界になる。

そもそも人間も動物だから、世の中を完全に「自由」なままにしといたら、絶対食うか食われるかになる。そういう意味では「自由＝弱肉強食」だ。そこでは強い者だけがどんどん豊かになり、弱い者はどんどん惨《みじ》めになる。

かつてはそれが当たり前だった。人権意識が今よりずっと希薄だったからだ。逆にその頃の人たちに「弱者の権利を守れ！」なんて叫んでみても、たぶん言葉の意味すらうまく伝わらないだろう。なぜなら弱者の権利なんて言葉は、「人間はみな平等」という大前提の人権意識を共有して、初めて成立する言葉だからだ。

「人間はみな平等」は、〝今日の常識、昔の非常識〟だ。言い換えれば、言ってることは正しいが、それに気づくのは難しい。だって世の中は、好むと好まざるとにかかわらず、勝ち組が負け組を支配するようにできている。そんな中、もし勝ち組の支配の下に負け組が5世代も6世代も服従していたら、彼らの頭に「人間はみな平等」なんてたわ言、ぜったい浮かぶはずがない。

でも近代西洋思想は、それが浮かぶ方向に発展してきた。いわゆる啓蒙思想だ。啓蒙思想による「無知・偏見からの理性による解放」は、我々に「王さまも私らも同じ人間なのに、何で私らだけつらい目に遭うの？」という意識を芽生えさせた。

これが人権意識だ。この意識は人道主義的な考え方につながり、むき出しの残酷な資本主義を、負け組にも少しだけ優しい修正資本主義へと向かわせた。

そしてその人権意識が、さらに過激な方向に発展したのが社会主義だ。つまり産業革命の時代に入り、資本家から馬車馬のようにこき使われた労働者たちが、「同じ人間なのに、俺らは勝ち組の連中から、すべてを吸い尽くされそうになっている。こんなのおかしいし我慢できない。もう限界だ。資本家を倒すぞ‼」と思い始めたのだ。

それではここで、彼らの社会主義思想が一体どんなものだったか、思い出してみよう。

唯物史観──理詰めで平等を実現しようとした科学的社会主義者の「ロジック」

社会主義国家に定着した社会主義は「科学的社会主義」だ。

社会主義には他にも「空想的社会主義」があったが、空想的の方は定着しなかった。なぜなら考え方として、不十分もいいとこだったからだ。

空想的社会主義とは「貧しい労働者がかわいそう。助けたい」という〝上から目線〟の社会主義だ。こんなの、言っちゃ悪いが金持ちの気まぐれであり、ブルジョアの自己満足だ。

つまり、資本家の気が変われば取り上げられてしまう程度の〝偽りの平等〟であり、そこには理論的展望もなければ永続性もない。これではダメだ。

そこで、そんな上から与えられる社会主義ではなく、自分で勝ち取る社会主義として、マルクスの科学的社会主義が生まれてきたわけだ。その内容は確かこんなものだった。

・考え方を科学的にするために「意識よりも物質」を重視する。（唯物論）
・社会の発展法則として、ヘーゲルの弁証法を採用する。
・物質を作り出す作業である「生産活動」が、人間社会の土台（＝下部構造）
⇓その土台の上に「精神活動」で法律・学問・政治などをつくる（＝上部構造）
・現在の社会は、㊦を支配する資本家が、自分たちのための㊤をつくっている。
⇓革命で㊦の支配者が労働者になれば、労働者のための㊤につくり変えられる。

科学的社会主義は、単なる思いつきや願望ではなく「科学的な理詰めの分析で、必然的に平等な社会をつくる」ことをめざす。そのために観念的な要素を排し、思考の基礎を「物質」に置く。これが「唯物論」だ。つまり科学の基本である「目で見て手で触れた」もののみを信じるわけだ。

さらに科学的社会主義では、社会発展を、ヘーゲルの「弁証法」で説明する。弁証法とは「対立こそが社会発展の原動力」という考え方だ。

この2つを合わせると、社会発展はこう説明できる。

「人間にとって、物質を生み出す作業は〝労働〟であり、そこで生まれる対立は、資本家と労働者の〝階級対立〟である。ということは、労働の過程で生まれる階級対立からくる革命こそが、よりよい社会・社会主義につながる」

そして革命の結果、生産活動（＝下部構造）の支配者が資本家から労働者に変われば、それに合わせて法律や政治などの精神活動（＝上部構造）も、労働者のためのものへと作り変えられる。

このような歴史観をマルクスは「唯物史観」と呼び、その様子を「下部構造が上部構造を規定する」と表現した。つまり下部構造の支配者次第で、上部構造はくつがえるものだってことだね。

「徹底した平等」を目指すと全体主義的国家が生まれるワケ

社会主義の基本的な考え方がわかったところで、次はいよいよ「社会主義国家の共通点」だ。主要な社会主義国家に見られるこの5つの特徴は、果たして「社会主義国家に必然的に現れる特徴」なのか、それとも他の要因があるのか、考えてみよう。

①個人崇拝
②思想改造
③抑圧的（自由の欠如）
④密告・監視国家
⑤全体主義的

共通点1――平等な社会のはずなのになぜか生まれる「個人崇拝」

個人崇拝は、確かに主要な社会主義国でよく見られる特徴だ。ソ連ならばスターリン、中国ならば毛沢東、そして北朝鮮ならば「金日成《キム・イルソン》→金正日《キム・ジョンイル》→金正恩《キム・ジョンウン》」と続く金一家だ。

ただ個人崇拝は、どう考えても「平等」をめざす社会主義の理念に反する。1人の人物を特別扱いするのは、身分制度のある「不平等な社会の特徴」だからだ。

でも結論からいうと、社会主義国で個人崇拝は生まれやすい。次の3つの理由からだ。

理由その1は、「革命のリーダー＝カリスマ」だから。

革命とは「労働者が資本家を倒す激烈な階級闘争」だが、よく考えたら「弱い労働者たちが資本家に牙をむく」わけだから、とてつもなく大それたことをやることになる。いうなれば、美食倶楽部の料理人たちが海原雄山に襲いかかるようなものだ。そんなおそれ多いこと、虫けらみたいな料理人たちに自発的にできるとは思えない。雄山から「このたわけが‼」と一喝されれば、そのまま死ぬかもしれない。

だから実際の革命には、強力なリーダーシップが必要になる。ひるんで及び腰になる労働者たちを奮い立たせ、社長たちの悪行を暴き、自ら革命の先頭に立って資本家と戦うカリスマ的指導者が必要なのだ。

そしてそういうリーダーが、革命成功後は「建国の父」となる。これは確かに個人崇拝が生まれやすいな。というか、個人崇拝になるのが自然にすら思える。旧ソ連のレーニンも中国の毛沢東もこれにあてはまるし、北朝鮮の金日成も、これに近いストーリーを国民に対して宣伝している。なら社会主義国で個人崇拝が生まれるのは、かなり必然に近い形と言えるだろう。

理由その2は、政治のシステム上、独裁が生まれやすいから。

社会主義国の政治体制は「民主集中制」だ。これは平等な社会づくりのために、人民の代表機関に国家権力を集中させるというやり方だ。人民の代表機関とはどこかというと、中国でいうなら「全国人民代表大会」（全人代）、旧ソ連でいうなら「ソヴィエト」（労・農・兵で構成される評議会）などがそれにあたる。それらが、労働者の利益代表政党である共産党の指導の下、権力の担い手になるのが民主集中制だ。

ロシア革命を導き、世界最初の社会主義国家を築いたウラジーミル・レーニン（1870～1924）

例えば中国では、人民の代表者が集まる全

人代（つまり国会）が立法機関であると同時に最高機関となり、行政府の長にあたる国務院総理の任命や、司法機関トップの最高人民法院裁判官の任命を行う。

これならば確かに「全人代が三権すべての決定権を持っている」ので、権力が民主的機関に集中しているといえる。どいうことは、すべての統治のシステムは人民代表の下にあるから、平等な社会が作れるって寸法か。

しかし「共産党の〝指導〟の下」かあ。指導とは言っても実際は〝命令〟だから、結局全人代やソヴィエトが「名目上の最高機関」で、共産党が「実質上の最高機関」ということになるんだな。なら共産党のトップになりさえすれば、ほぼ独裁に近い権力を手中にできるってことになるな。

そして独裁者は、絶大な権力を背景に、個人崇拝を強要することができる。これはすべての社会主義国にあてはまるわけではないが、スターリンや金正日・金正恩など、自らが建国の父でないパターンで起こり得る。

理由その3は、元々独裁者になりたい人が、方便として社会主義を利用しただけだから。

うーん、これもありそうな話だな。例えば軍人がクーデターを画策する際、単に「今の大統領がムカつくから」だけでは、民衆の支持を得られない可能性がある。

ならどうするか？　答えは「社会主義を方便として利用する」だ。つまり〝ムカつくから〟だけでなく、「あの悪人を成敗して、平等で民主的な理想の社会をつくろうではないか。みんな、手を貸してくれ！」と民衆に訴えかけるのだ。

こんなふうに訴えかけられれば、民衆の心はたちまち傾く。こうしてクーデターに成功した軍人は軍事独裁政権を樹立し、民衆を裏切って個人崇拝を強要するのだ。

共通点2――恐ろしいまでの「思想改造」がまかり通るワケ

次は2つ目の特徴「思想改造」について見てみよう。

社会主義は階級差別のない平等な社会をめざす。ということは、全人民を生産活動にたずさわる労働者階級（プロレタリアート）にしないといけない。

今までどおり資本家と労働者がいたんじゃ平等にはならないし、かといって全員を資本家階級（ブルジョアジー）にしたんじゃ、生産に従事する人がいなくなるからね。あくまで社会の土台（下部構造）は生産活動だ。

だから社会主義の国家では、資本家を労働者にするため、思想改造をする。つまりは洗脳だ。「そんな！　資本家の自由は？」と言いたくなるが、あくまで社会主義国家での優先順位は「自由よりも平等」。これは聞き入れられない。

でも当然、頑として受け入れようとしない資本家もいる。そういう場合は殺す。なぜなら革命とは「1つの階級が別の階級を徹底的に殲滅《せんめつ》するまで行う、激烈な階級闘争」だからだ。だからマルクスもレーニンも毛沢東も、みーんな暴力革命を肯定している。ならば思想改造で資本家を労働者に変えてしまおうと、殺して資本家を消滅させようと、ゴールは同じだからいいのだ。いやいいのか⁉

COLUMN

そもそも、社会主義と共産主義の違いって何？

社会主義と共産主義、この2つの言葉は、よく混同して使われる。完全に同じ言葉としてごっちゃにされることが多く、学校の先生などでも授業の最初では「社会主義」と言ってたのが、後半ではいつの間にか「共産主義」になっていたりする。

この2つは、厳密にいうと別の言葉だ。わかるように説明すると「社会主義は〝途中〟で、共産主義は〝ゴール〟だ。何の途中とゴールなのか？　それは「平等な社会」を築く途中とゴールだ。

まず労働者は、資本家の搾取に対する不満と怒りがピークに達した時、革命を起こす。そしてその革命に勝利した状態が「社会主義」だ。

でもこの社会主義の状態は、まだゴールじゃない。なぜなら社会主義は別名「プロレタリアート独裁」と呼ばれ、まだ平等が実現していないのだ。ここでは今まで踏みつけられていた労働者が、逆に資本家を踏みつけるようになっただけなのだ。革命とはトランプの大貧民と同じく〝逆転現象〟のことだから、ここからしばらくは支配関係の逆転した「逆の不平等」の時期が続く。

そしてそこで思想改造などが行われることにより、最終的に世の中は「労働者階級だけ」になる。そうすると、もう階級区別の必要がなくなるため〝階級〟という概念は消滅し、その後〝国家〟も死滅する。なぜならマルクス主義の解釈では、国家は「1階級が別階級を抑圧するための道具」だから。階級がなくなった時点で不要になるものなのだ。

このように階級が消え、国家がなくなった状態こそが、社会主義思想の究極の理想「共産主義社会」だ。その意味でいうと、「共産主義国家」という言葉は、言葉自体が間違っているということになる。〝国家〟なんて言ってること自体、共産主義が実現していない証なんだから。

共通点3、4――「抑圧的」な空気と「密告・監視国家」の形成

次の特徴は「抑圧的（自由の欠如）」と「密告・監視国家」だ。前にも書いたが、平等な社会を実現するためには、ある程度「勝ち組の自由を制限」しなければならない。金持ちからすると理不尽な話だが、資本主義が〝自由〟を追求した結果、勝ち組・負け組の格差社会を生んだことを考えると、〝平等〟をめざしたいならそうするのは仕方がない。

そして自由が制限されると、必ず政府の政策に不満を抱く人間が現れる。いわゆる「反革命的な動き」だ。そういう動きを放置すれば、最終的には政権を揺るがすほどの反政府暴動などに発展する可能性がある。政府としては、それは避けたい。

そこでそのような不測の事態に備えるため、監視体制を強化する。旧ソ・中国・北朝鮮のように、職場や隣近所での監視・密告網を張り巡らせ、そこに「粛清」まで加えた地獄のフルコースをシステム化しておけば、職場の仲間やご近所さんでも心を許せなくなり、

結果的に自由をめざす行動は取りにくくなる。

こうしてでき上がる平等は、正直「理想の平等」からは程遠い。効率的だが非人道的だからだ。でも平等は平等だ。旧ソ・中国・北朝鮮には見られたが、必然的に現れる特徴ではない。ただし、自由を抑え込む限り、このやり方を採る国はなくならないだろう。

共通点5――結果として生まれてくる「全体主義的」国家像

最後の特徴「全体主義的」についてだが、これはもう①〜④が組み合わされば、全体主義になるしかないでしょう。全体主義って「個人の自由や権利は認めず、すべてを国家の統制下に置こうとすること」なんだから。だから、言い換えれば「①〜④までの努力の結晶が、全体主義を生む」と言ってもいいくらいだ。

最後に、現実の社会主義国家について見ておこう。

これから代表的な社会主義国家である旧ソ

天安門に掲げられている中国の初代国家主席・毛沢東（1893〜1976）の肖像画

連・中国・北朝鮮について見ていくが、結論から言うと、どの国家も当初は平等な社会をめざしたはずだが、最終的にはすべて判で押したように、個人崇拝や密告・監視で息苦しい抑圧的な国家になった。

もちろんその理由は、先に見た通り必然的な流れであったものもあるが、どちらかというと、先行するソ連のスタイルに追随してそうなってしまった面もあるように見受けられる。あとは権力が人を変えてしまったとか……。とにかく1つずつ見ていこう。

ソ連の社会主義――プーチン・ロシアに残る過去の匂い

1917年、ロシア革命の指導者・レーニンは、革命を見事成功させ、世界初の社会主義国家「ソヴィエト社会主義共和国連邦」を建国する。

そのソ連が、個人崇拝の抑圧的な国家になっていったのは、レーニン死後の権力闘争後のことだ。1924年にレーニンが死亡し、後継者争いは「スターリンvsトロツキー」に絞られた。「一国社会主義」を唱えるスターリンに対し、トロツキーが唱えたのは「世界同時革命」。マルクス主義のめざすものが「階級も国家もない理想の平等社会」である以上、考え方として正統なのは世界同時革命論であり、自国だけで社会主義をつくる一国社会主義は、かなり分が悪いといえるものだった。

しかしスターリンはこの権力闘争に勝利し、トロツキーを国外に追放した後、一国社会主義論に基づいて、国内の工業化を急ピッチで進めていった。そしてそれと同時に、自らの権力基盤を固めるため「粛清と個人崇拝」を強力に進めていった。

さらにスターリンは、強大な警察力を背景にした市民相互の監視・密告体制も確立させていった。ソ連の警察組織といえば、スターリン死後の1954年設立のKGB（ソ連国家保安委員会）が有名だが、KGBどころかレーニンの時代から、ソ連は反革命分子を監視する目的で、警察機構を充実させていたのだ。

ソ連の第二代最高指導者ヨシフ・スターリン（1879～1953）。大規模な粛清で権力基盤を固めた

第二次世界大戦後、ソ連は戦勝国の一員として、国連安全保障理事会の常任理事国となるも、冷戦が勃発。東西両陣営は、国連の場では不毛な拒否権の乱発合戦を行い、国連の場以外では代理戦争も含め、激しくぶつかり

合った。

このように、戦後早々激しく対立しあった東西両陣営だったが、1953年にスターリンが死に、これを機に両陣営の「雪解け」ムードが高まる。その後1956年、「スターリン批判」を行ったフルシチョフが政権の座に就くと、そのフルシチョフの提案で西側との「平和共存路線」が提唱された。

このフルシチョフ時代は、一見すると米ソの緊張がゆるんだ時期に見えたが、これはあくまで表面的なもので、共産党の一党独裁体制の維持、ハンガリーやポーランドで起こった反ソ暴動の弾圧、核開発競争の過熱、キューバ危機など、本質的にはスターリン時代と大差のない緊張状態の継続だった。

1964年、そのフルシチョフがキューバ危機処理の不手際の責任を問われ、失脚。ここから1982年までの18年間、ブレジネフの時代に入る。ブレジネフはスターリンやフルシチョフのような特色ある政治は行わなかったが、権力維持にエネルギーを注ぎ、ソ連のもつ「個人崇拝・密告・警察・官僚国家」という負の側面に磨きをかけ、その結果、18年間という大いなる「停滞の時代」をつくった。

このブレジネフの死後、アンドロポフ・チェルネンコと短命政権が続いた後、ソ連はついにゴルバチョフの時代に入る。ゴルバチョフは自身が最高ポストである共産党書記長に就くと同時に「ペレストロイカ（改革）」と「グラスノスチ（情報公開）」を始め、政治腐敗と秘密主義を一掃して抑圧的な政治に終止符を打った。この動きはたちまち他の東欧諸国へも波及し、１９８９年には多くの国で、最高権力者の逮捕や選挙敗北、処刑などが行われた。この動きを「東欧革命」という。

そして同年11月、東西冷戦の象徴と呼ばれた「ベルリンの壁」が市民の手によって破壊され、その翌月の12月、地中海のマルタ島で米大統領ブッシュ（父）とソ連の最高指導者ゴルバチョフが会談し、冷戦終結が宣言された。

その後、ソ連を始めとする東欧諸国は、すべて市場経済へ移行し、政治体制も民主化されて今日に至っている。

結局ソ連の社会主義建設は、平等な社会作りよりも「権力闘争」に偏りすぎたため、スターリンによる「粛清の恐怖・密告の恐怖」を利用した権力固めを招いてしまい、あそこまでの警察国家になってしまった。

しかしこのやり方で完成するのは「スターリンによる抑圧」であり「スターリンのためのソ連」だった。だからスターリン以外のソ連人は密かに不満を抱き続け、その蓄積されたエネルギーがゴルバチョフのペレストロイカで爆発したと言えそうだね。

なお、最近のロシアはよく「ソ連時代に戻ったよう」と言われるけど、これはプーチンのせいだろうな。KGB出身、冷たい風貌、対外的な不人気と国内での大人気、国際社会への強硬姿勢（北方領土問題やウクライナ問題）、そのせいでサミットから除外……。どれをとっても昔なつかしい「寒い国からきたスパイ」だ。

中国の社会主義——資本主義を凌駕する経済はなぜ生まれたか

戦後の中国は、資本主義の中国国民党と社会主義の中国共産党との間の覇権争いから始まった。

国民党のリーダーは蔣介石、共産党は毛沢東。両者は以前から衝突することが多かったが、戦時中は共通の敵・日本がいたため、その間はお互い協力しあって日本軍と戦っていた（＝国共合作）。しかし第二次世界大戦が終わって日本軍が撤退すると、再び昔のケンカが復活し、中国は内戦状態に突入した（＝国共内戦）。そして4年にわたる内戦の末、ついに中国共産党が勝利し、1949年、毛沢東は社会主義国家「中華人民共和国」を建

国する。（※蒋介石の国民党一派は台湾に亡命して「中華民国」を宣言）

建国後、しばらくは中国は順調だった。同じ社会主義の先輩であるソ連のスターリンから大々的な援助・指導を受け、計画経済で工業化を進め、国づくりを行った。毛沢東は自分が建国すべき社会主義国家のモデルをスターリンに求め、そのため経済のあり方から個人崇拝に至るまで、スターリン型を模倣した。

しかしそのスターリンが１９５３年に亡くなり、後継者フルシチョフがスターリン批判を行った。毛沢東はこれに激怒し、フルシチョフこそ社会主義路線を誤った修正主義者だと罵り、ここから１９７０年代まで「中ソ対立」に突入する。そしてこの中ソ対立がきっかけで、中国の社会主義建設は、混迷の一途をたどることになる。

なぜ、中ソ対立後の中国社会主義建設が混乱したのか？　それは毛沢東が、革命の天才ではあるが国づくりがヘタクソだったからだ。この後中国人民は、彼の「思いつき的な政策」に振り回されることになる。

１９５６年、毛沢東は「百花斉放・百家争鳴」を打ち出した。これは「共産党への批判を歓迎する」というキャンペーンで、毛沢東が国内民主派勢力を味方につけるために行ったとか、あるいは鄧小平《とうしょうへい》や劉少奇《りゅうしょうき》などのライバルへの批判を集めるために行ったとか言われているが、真意のほどは定かではない。

ところがこのキャンペーンの結果、共産党への批判があまりにも多く集まったことに毛沢東は激怒し、その直後に「反右派闘争」というキャンペーンを張って、批判的意見を述べた者を徹底的に弾圧した。

当時の人民公社の公共食堂の様子を伝える中国政府作成のプロパガンダ写真

また1958年には、工業と農業で大きな改革を行った。「大躍進」政策と「人民公社」だ。

「大躍進」は、中国が「3年でイギリスの工業生産に追いつく」と宣言して始めた、大々的な重工業化計画だ。しかしその内容は、国民総出で鉄くずを拾わせ、それを溶鉱炉で溶かして鉄鋼にするという、何ともお粗末なものだった。当然このやり方でつくった粗悪品の鉄では重工業化などのぞむべくもなく、しかも農民が農作業そっちのけで鉄くず拾いをしたため大凶作となり、餓死者が大量に出てしまった。

「人民公社」は中国版の総合的農業集団で、大躍進で男が鉄くずを拾っている間、女が農作業を行うために、地域ごとに作られた組織だ。今後村人は、みんな人民公社に集まり、そこで農作業をしながら共同食堂で食事もし、子供もそこで教育を受ける。つまり人民公社さえあれば、飢えも学業も生活も、何も心配しなくてよいのだ。

しかし中国は国土が広すぎ、最寄りの人民公社がとんでもなく遠くてかえって利便性が悪かったり、「誰にでも平等な食事分配」という悪平等が労働意欲の低下につながり、これまた餓死者を増やす原因となってしまった。

そして1966年、ついに毛沢東時代の悪政の代表・「文化大革命」（文革）が始まった。これは「封建的文化や資本主義文化を打破して、新しい社会主義文化をつくる」大衆運動なのだが、実際は大躍進政策に失敗して国家主席を辞任していた毛沢東が、巻き返しを狙って行った権力闘争の側面が強い。

文革では、中高生ぐらいの子供が「紅衛兵」を名乗り、文革に批判的な大人を吊し上げたり、仏像や寺院を破壊して回った。紅衛兵に暴行されて死ぬ大人もいたが、「造反有理（反抗するには道理がある）」や「革命無罪」をスローガンにしているため、まったく歯止めが利かなかった。最終的には紅衛兵同士の派閥争いで死者まで出るようになり、中国は事実上内戦に近い状態になった。

1976年、毛沢東の死をもってこの文革もようやく終わり、その後は鄧小平が権力を掌握した。そして鄧小平は1978年より「改革・開放」政策を開始し、経済特区と呼ばれる外資導入のモデル地区を設置するなど、今日の中国発展の基礎を築いた。

現在の上海の様子。多くの高層ビルが立ち並び、ニューヨークや東京に肩を並べる経済都市に成長している

さらに1993年、江沢民時代に入ると、政治の体制は社会主義だが経済は資本主義同様の市場経済という「社会主義市場経済」を打ち出した。これは社会主義らしく公有財産を基本とするが、同時に「外資・株式会社・私有財産制」も発展させ、自由貿易推進のためWTO（世界貿易機関）への加盟もめざすというものだ。

しかし、社会主義は平等をめざし資本主義は自由をめざすわけだから、社会主義市場経済なんて、本来なら矛盾する要素だよ。でも鄧小平はこう言った。「社会主義にも市場はあり、資本主義にも計画はある。ならどっちかに絶対寄せなきゃなんて窮屈に考えず、最終的にみんな平等に豊かになれればいいじゃないか」と。

なーんかうまく言いくるめられた感はあるけど、結局この考えがそのまま江沢民体制にも引き継がれて社会主義市場経済は始まり、順調な経済成長を果たして、ついに2010年には日本の国内総生産を追い抜いたんだ。

もはや今の中国は、「ほぼ資本主義の社会主義国家」だ。社会主義は辛うじて、人民の意識を引き締めるための「政治的恫喝《どうかつ》」程度のものかな。

北朝鮮の社会主義――謎多き「主体思想《チュチェ》」が目指すもの

日本による植民地支配が終わった1945年、朝鮮半島は北緯38度線で分断され、南をアメリカが、北をソ連が、それぞれ占領統治する形となった。その後朝鮮半島は、米ソが共同で信託統治することになったが、その方法をめぐって話し合いが決裂し、結局それぞれの占領地域を独立国家とすることとなった。こうして南が大韓民国、北が朝鮮民主主義人民共和国として独立し、朝鮮半島に2つの国家が誕生したのである。

この時、韓国側のリーダーは李承晩《イ・スンマン》、北朝鮮側のリーダーは金日成となった。金日成は、日本の植民地支配に抵抗する「抗日パルチザン」の朝鮮労働党満州派のリーダーで、今でも北朝鮮には、抗日闘争に関する数々の逸話が残っている。またパルチザン時代にソ連軍と合流し、ソ連軍の大隊指揮官も務めた。

1950年、北朝鮮軍が分断された南朝鮮人民を解放すべく南進し、朝鮮戦争が始まった。この戦争はアメリカを中心とする多国籍軍に、ソ連軍、中国義勇軍まで入り乱れての大戦争となったが、最終的には1953年、板門店で休戦協定が結ばれて北緯38度線を「軍事境界線」とすることになり、それぞれ独立国家として今日に至っている。

さてその北朝鮮、当初は他の社会主義国同様スターリン型の社会主義を導入していたが、スターリンの死後、他国にない独特な社会主義へとシフトしていった。それが「主体思想」だ。

主体思想とは金日成が唱えた北朝鮮統治のあり方で、その内容は「思想における主体、政治における自主、経済における自立、国防における自衛」から成る。

つまりまず「人民こそが歴史の主体であり、自分の運命も含めすべてを自分で決定するものだ」という考えで、人民に革命と建国の主人公という意識を植えつけるのだが、それを無軌道にやったんではうまくいかない。

そこで首領の正しい指導が必要になる。なぜなら人民と首領は、同じ肉体の手足と頭脳みたいなものだから、頭脳の導きがあってこそ、手足はその歴史的役割を正しく果たすことができる。だからちゃんと言うこと聞けってことだね。

北朝鮮ではこういう形で、主体思想に基づく独自の個人崇拝の形を確立したが、それにしても問題がある。それは「権力の世襲」の問題だ。

仮に北朝鮮が君主制なら「王の権力は代々血筋の者が世襲」で何の問題もないが、いかんせん北朝鮮は社会主義。平等な社会をめざす国家に、王のように特別扱いされている一族がいるのは、非常にまずい。二代目の金正日は「主体思想の正統な継承者」という言葉で何となくうやむやにしたが、三代目ともなるとそうはいかない。

そこで北朝鮮は、近年とんでもなく大胆なことをやった。なんと2010年、朝鮮労働党の規約に「金日成の党」と明記し、しかもそこから「マルクス・レーニン主義」の文言を削り取ったのだ。

えー‼　北朝鮮は社会主義をやめたのか⁉　僕はメチャメチャ驚いたが、北朝鮮の憲法では、あいかわらず国家としては社会主義国家のままだ。でも朝鮮労働党の方は、少なくとも規約の文言上は、社会主義の政党ではなくなったのだ。

なぜ朝鮮労働党は、こんな大胆なことをやったのか？　もうおわかりだろうが、社会主義の政党でなくなれば、三代目の金正恩は少なくとも、〝党〟の要職には自由に就けるようになるからだ。それならば文句を言われる筋合いはないし、そこから権力への足がかりを築いていけばいいだけの話だ。

しかし北朝鮮は、どんどん社会主義の実態から離れて「王国化」しているな。もはや民主的な自浄作用は期待できなさそうだ。

9章

〝やわらか〟な「神道」は日本をいかに導いてきたか

――日本誕生から神仏習合、明治維新、そして太平洋戦争まで

最後に、僕らの住んでいる「日本」について考えてみよう。

「日本は〝儒教文化圏〟で見たじゃん。もういいよ」なんて思ってる人、甘い甘い。なぜなら日本は「戦国時代までは仏教（死生観）、江戸時代以降は儒教（道徳観）」で終わりではないのだ。実は日本には、そのはるか大昔から、すべての時代をうっすらと貫いて現代にまでつながっている思想があるのだ。「神道」だ。

神道は非常に「ゆるい」宗教だ。神道では『古事記』や『日本書紀』（＝記紀）に出てくる神々、つまりイザナキやイザナミ、天照大神《あまてらすおおみかみ》やスサノオなどの「八百万《やおよろず》の神々」が信仰対象となるが、それ以外のルールはなく、教義も経典も教祖もない。過去の歴史を見てみても、各時代ごとに「～神道」を名乗るものが多数出現したが、どれも「神道のオリジナリティを守ろう」というよりも「時代の流行りをどんどん取り入れた神道にしていこう」の方に心を砕いている。このように、柔軟で緩くて主体性がなくてつかみどころのない、何とも変幻自在な宗教が神道だ。

ではちょっと、ここで時代の流行りを取り入れた神道というものが、どういうものになっていくのかを見てみよう。

奈良時代：『記紀』に基づく神道の最初の姿

『古事記』と『日本書紀』を合わせて「記紀」というが、記紀には日本の神話が書かれている。登場人物や舞台はほぼ同じで、どちらもイザナキやイザナミ、天照などの神さまが、高天原《たかまがはら》（神々の国）や葦原中国《あしはらのなかつくに》（地上）で活躍する。

じゃこの2つの違いはというと、『古事記』は稗田阿礼《ひえだのあれ》の口述筆記で、素直で大らかな表現。『日本書紀』はそれを中国の史書っぽく、漢語調で格調高く書いたものだ。ちなみに稗田阿礼は天武天皇の舎人《とねり》（雑用係）で、記憶力抜群の人だったそうだ。

日本の創生神話に登場するイザナキ・イザナミ。矛を使って日本を作り出しているイザナキは、日本の初代天皇・神武天皇の先祖とされている

そして、その記紀に描かれた神々の世界こそが、神道の原型だ。つまり、自然万物すべてに霊魂が宿るというアニミズム（＝精霊信仰）と、自然現象の一つ一つを人格化し神と崇める「多神教」を軸に、そこで

八百万の神々が織りなす素直で大らかな世界を、大ざっぱに神道というのだ。
そこでは、清く明るい心（＝清明心）をよしとし、穢《けが》れを嫌い、死後の世界を極楽だなんて美化せず（黄泉《よみ》の国は最も穢れた所）、現世を楽しく生きようとする。穢れとは、様々な意味で不吉や不浄の元になるもののすべてのことだ。特に日本人は、死の穢れを嫌った。でも、そのくせ妙に楽天的で、仮に死の穢れに触れたとしても「禊《みそぎ》」（＝穢を洗い清めること）で洗い流せばＯＫ。また、誰かによる迷惑行為や大損害があったとしても「祓《はら》い」（〝坊主〟にする的な反省方法）ひとつで許してしまう。とても大らかで根に持たず、のびやかだ。こういった神々の示す世界を「惟神《かんながら》の道」というが、それをモデルに僕たち人間のあり方の規範としてきたのが神道だ。

しかしこの神道、何やらいい雰囲気は伝わってくるものの、ピシッとした軸が伝わりにくい。それもそのはず、神道にはさっきも書いた通り、カリスマ的な教祖もいなければ明確な教義もなく、確固たる経典もないのだ。

神道にはただただ「神話のみ」があって、その中から「俺たちの生きざまを見ろ！」と僕らに行間を読むことを求めてくる。だから神道は自由な解釈が可能で、そのせいで時代とともに柔軟に姿を変えていくのだ。

そういう意味で神道は、宗教というよりも「神々のあり方を教科書とした生活講座」ととらえる方がいいのかもね。

平安時代：神と仏は〝どのように〟混ざったか

平安時代の神道を理解する上で避けては通れないのが「本地垂迹説《ほんじすいじゃく》」だ。本地垂迹説とは神と仏の力関係を示す説で「神と仏は実は同じもの。ただし仏が真の姿で、神は仏の仮の姿にすぎない」というものだ。ということは、この時代の神道は、どうやら仏教優勢の時代における神々のあり方ってことになる。

894年、菅原道真の進言で遣唐使が廃止され、日本は中国との接点が途切れてしまった。するといろんな所で、外来文化と日本オリジナルの文化の境目が消え、両者が融合した文化が生まれてきた。これが「国風文化」だ。

そしてその国風文化の波は、宗教の世界にも訪れた。当時外来の宗教といえば仏教、日本固有の宗教といえば神道だったが、この両者の境目も消え、融合する流れが起こった。これを「神仏習合」という。そして、当時日本は仏教優勢だったから、混ざり方も仏教優勢になってしまった。こうして生まれたのが「本地垂迹説」だ。

いちばん最初に仏教に接近したのは「八幡神《はちまんしん》」を祀る八幡神社だった。八幡神社は東大寺大仏の建立に協力して積極的にご神託を出し（「金は○○で採れるからそれを使え」など）、「八幡大菩薩」の称号を得、〝仏教を守護する神〟となった。

よく考えたら、確かに八幡は神道用語で菩薩は仏教用語。でも僕らはそこに何の疑問も抱かず「南無八幡大菩薩」なんて称えたりする。ということはこの神仏習合、僕らが思っている以上に、世の中に当たり前に定着していることになる。

他にも世の中には「神宮寺」（寺の境内にその寺を守るための祠《ほこら》がある）なんてものがあったり、「権現《ごんげん》」（神の姿を権りて現れた仏）なんて言葉があったりするが、これらも当然神仏習合の流れの中で生まれてきた言葉だ。

この神仏習合、特に本地垂迹説によった神道に「両部神道」がある。これは「空海の真言宗側から見た神さま解釈」を軸にした神道だ。真言宗では、宇宙の本体仏である大日如来が形作る世界を「金剛界曼荼羅《まんだら》」と「胎蔵界曼荼羅」で表現しているが、両部神道ではその2つ（＝両部）の曼荼羅に描かれた大日如来こそが本体（本地）で、日本の神々はその仮の姿（垂迹）にすぎないものととらえていく。

鎌倉時代：仏教よりも「上」に置かれたワケ

これに対して、当然反発の声も上がった。「仏なんてしょせんは外国の神だろ？　何で日本の神さまが遠慮する必要がある。ふざけるな‼」――ということで、今度は伊勢神宮の神こそが最高神だとする「伊勢神道（度会《わたらい》神道）」が生まれてきた。

伊勢神宮といえば天照大神を祀る神社で、その天照の子孫にあたるのが天皇家。それを最高神と祀る思想は、天皇家が分裂した南北朝時代に、南朝方の重臣であった北畠親房《ちかふさ》に影響を与え、『神皇正統記《じんのうしょうとうき》』で彼が南朝の正統を擁護する理論的根拠となった。

そして室町時代末、今度は「神こそ最高」だけでなく、神と仏の力関係を逆転させた「反本地垂迹説」に基づく神道が現れた。「吉田神道」だ。

反本地垂迹説は、鎌倉時代の後半から出てきた考え方だ。この時代「蒙古襲来（元寇）」があり、日本の執権・北条時宗はフビライ・ハンの侵略におびえていた。しかし元軍は、2度攻めてきて2度とも台風に上陸を阻まれたのだ。

そう、なんと日本は〝神風〟が吹いてくれたおかげで助かったのだ。やはり日本は仏の国なんかじゃなく神の国だったのか。神さま、今まで冷遇してゴメンよ——こういういわゆる「神国思想」が広まったおかげで神さまの株がぐっと上がり、主従逆転となる反本地垂迹説へとつながっていったのだ。

これを神道の世界で体現したのが「吉田神道」。京都・吉田神社の吉田兼倶《かねとも》が説いた吉田神道は「神本仏迹《じんぽんぶつじゃく》」の反本地を唱え、日本固有の「惟神の道」こそが唯一絶対的な神道だと説く「唯一神道」だ。

江戸時代（前半）：儒教と混ざり統治の道具に

江戸時代といえば天下泰平。人は寿命や病気以外では死ななくなる。だから思想も、死後の極楽往生を説く仏教よりも、現世を生きる規範である儒教の方が人気となる。加えて幕府の側から見ても、将軍さまを頂点とするタテ型の幕藩体制を構築するには、タテ社会の倫理を説く儒教の方がなにかと都合がいい。そういうわけで、江戸時代の日本は、儒教一辺倒に染まっていくのだ。

そして儒教隆盛の時代だから、今度は儒教寄りの神道、いわゆる「儒家神道」が出てくる。例えば林羅山《はやしらざん》が創始した「理当心地神道《りとうしんちしんとう》」や、山崎闇斎《あんさい》が作った「垂加神道《すいか》」などがそれだ。両者とも高名な儒者だが、そう考えてみると、タテ社会構築をめざす儒教と神を頂点にいただく神道とは、実はかなり相性がいいことがうかがえる。またこれらは、かなり廃仏的であることも知られている。

江戸時代（後半）：皇国史観の基盤をつくった〝ガチ神道〟

しかしこの江戸時代、日本はあまりにも儒教に偏りすぎた。思想界はこの時期「朱子学→陽明学→古学→古義学→古文辞学」と発展していくが、要はこれ、全部儒教だ。ここ日本だぞ！　何が悲しくて僕らは中国のことばっか勉強してんだ⁉　こういう危機感から生まれてきたのが「国学」だ。

国学とは『万葉集』や『古事記』から、日本オリジナルの道徳や思想を研究する学問だ。最も有名なのは本居宣長《もとおりのりなが》で、彼は『古事記』をテキストに、中国思想（＝漢意《からごころ》）とは違った日本人の本来あるべき素直で自然な「真心」を惟神の道から学び、それを「古道」という形で、天皇が人間界に取り入れることをよしとした。

そしてその古道を神道に取り入れたのが、平田篤胤《あつたね》だ。〝宣長没後の門人〟を自称する篤胤は、古道精神と神道をミックスさせた「復古神道」を創始した。復古神道は「神は強し」の伊勢神道や吉田神道と同系統だが、両者に混ざっていたかすかな儒仏のにおいを完全に消し去った、より純度の高い〝ガチ神道〟だ。さらに彼は、八百万の神々が世界を創ったのだから、日本は世界の諸国に優越するのだとする持論を展開し、後の皇国史観や国粋主義の形成に影響を与えた。

明治期〜終戦まで：天皇主権を支える政策的宗教「国家神道」

明治に入り、なんと神道は、キリスト教とも融合した。それが「神基習合神道」だ。日本みたいな多神教の国に一神教のキリスト教はなじまないかと思いきや、この神道ではその矛盾を、本地垂迹説的なアプローチで解決する。つまり「日本の神が最高であり、キリストはその神の〝天孫〟（＝神の子孫）である」という考えだ。

しかしこの神道が主流になることは、当時の日本ではあり得なかった。なぜなら明治という時代においては、この天孫の位置にくるべき存在は「天皇」以外に考えられなかったからだ。そこで生まれてくるのが「国家神道」だ。

国家神道は、戦前の天皇主権を支えるための政策的神道だ。

ここまで見てきた通り、元々神道の中には、天皇家を神の子孫とする考え方がある。さっき出てきた「キリストは天孫」にしたって、元々は『古事記』のストーリーのアレンジだ。古事記では、天照大神の孫にあたるニニギノミコトが、天照から「三種の神器」を授かって日向《ひむか》の高千穂（宮崎）に降り立ち、葦原中国（日本）を統治する。これが「天孫降臨」だ。そしてその子孫が神武天皇。だから日本では、天皇こそが神であり天皇の統治こそが正統である——天孫降臨とは、こういう話につながっていくエピソードだ。

この考えは、元々伊勢神道や復古神道にあった考え方を、幕末の志士たちが「倒幕運動」の大義名分に利用したあたりから強固になっていく。江戸幕府に不満を持つ連中からすれば、幕府を倒す口実として「日本の正しい統治者は、お前らじゃなくこのお方だ‼」というストーリーが、どうしてもほしいからね。

そして倒幕に成功した彼らは、天皇を日本の統治者に復活させ、支配体制の強化をめざす。そこで形成されたのが「国家神道」だ。

国家神道政策は、日本の支配者が「将軍→天皇」に移行したことを世に知らしめるためのイデオロギーとして活用された。天皇家の祖先・伊勢神宮を日本の神社の本宗《ほんそう》（総本山）に位置づけ、「神仏分離令」で神社の中に紛れ込んだ不純な要素（＝神仏習合で混ざった仏教的要素）を排除し、その結果全国の寺で多くの寺院・仏像・仏具が破壊された（＝廃仏毀釈）。明治憲法上「信教の自由」はあったが、実際には仏教とキリスト教は、国家神道の下で「禁止されていないだけ」だった。

そして戦時中は、軍部がこの求心力を利用し、天皇の神格化はますます加速した。『日本書紀』に出てくる神武天皇の詔勅《しょうちょく》「八紘一宇《はっこういちう》」（＝世界を（天皇中心の）１つの家にする）を根拠に「大東亜共栄圏」（日本がアジアの指導者になるぞ）を構想し、戦没者は「英霊」として靖国神社に合祀され、新たな神となる。これにより戦争での死は美化され、その意識が「天皇陛下万歳！」を叫んで自ら死を選ぶ特攻隊を生み出す。

しかしその姿は、少なくとも敵からは「アッラーは偉大なり！」と叫んでイスラムの正義を守るため自爆するイスラム教徒の「聖戦（ジハード）」と、どうしても重なって見える。これはアメリカなどの連合国側から見れば脅威だ。

だから終戦後、ＧＨＱ（連合国軍総司令部）は「神道指令」を出し、国家神道の廃止を命じた。今日は靖国神社も含め、すべての神社は同格の宗教法人として扱われている。

以上、ざっと見てきたけど、まあほんとに神道は、時代とともにあり方を変えてきている。中江兆民は「日本に哲学なし」と言ったけど、確かにここまで変わり身が早いと、神道が日本の軸となる思想なんてありえないように思える。

それどころか、ここまで主体性なくコロコロあり方を変えられると、そもそも神道を「宗教・思想」に分類していいものかどうかすらわからなくなってしまう。少なくとも国家神道の時代を除いては、「思想が僕らを形成する」という強いメッセージというか自己主張のようなものは感じられないな。むしろ逆に「思想の方が僕らに合わせて迎合」しているようにすら見える。

でも逆にいうと、だからこそ神道は、僕らにとってなくてはならない大事なものだとも考えられる。だって自らのスタイルを変えてまで、僕らの生活や政治にぴったり寄り添おうとしているわけだからね。

果たして、僕らにとって神道とは何なんだろう。いろいろ考えていくと、面白い結論に行きついた。

神道は日本人にとって「最も基本となる宗教」

結論からいうと、神道は僕ら日本人にとって、もっとも基本となる宗教だ。ただその目的が「救済」などという仰々しいものではなく、生活にリズムと安定を与えるものであるため、宗教と認識されにくいだけだ。

それ以外にも、神道に明確な教祖や経典がないことも、宗教と認識されにくい理由の1つだろうな。とにかく輪郭がくっきりしない。しかも元々が「多神教」だったため、超強力な唯一神に義理立てたりせず、よさそうなものは何でも摂取している。この「ブレを基本姿勢」とするさまも、他宗教のような「外部からは訂正不能の確信めいた強烈さ」とは一線を画するものに見えるところだ。

しかし神道は、これだけ顔が見えないにもかかわらず、僕らの生活にしっかり馴染んでいる。そう考えると神道は、障子一面に描かれた模様みたいなものか。

つまり「心という壁紙に、強い自己主張なく最初からうっすら描かれている桜の花びらや笹の葉」みたいってこと。ちなみにその例え方でいくと、他宗教は「心というキャンバスに画家（教祖）が強烈に描き込んだ個性的な絵」ってことか。両者はとても対照的だ。どちらも心を染めている点では同じだが、染め方が全然違うな。日本の神道は「心から信じるもの」ではなく「心が勝手に馴染んじゃってるもの」なのだ。

このように、他宗教とはかなり味つけが違うものの、神道は間違いなく宗教であり、僕らが日常生活の中で、無自覚に神道的な要素をちりばめて暮らすことが、そのまま神道の「宗教的実践」となっているのだ。

僕らは「お清め」と称して、日常生活の中で禊や祓いを実践する。また災厄を鎮め、人生の無事安全を祈願するために「厄払い」をする。結婚式では「別れる、切れる」などの言葉を「忌み言葉」として避け、夏や秋にはお祭りをする。祖先の霊を敬い、七五三を経験し、成人式を祝う。これらはみんな、神道の宗教的実践だ。

もしも僕らの中に「俺は共産主義者だから、神なんか信じん！」という人がいるなら、その人は決して正月にお年玉をあげたり、おせちを食べたりしちゃいけない。お盆に墓参りもダメ。無軌道な若者に向かって「このバチ当たりめ‼」と怒鳴ってもいけないし、孫にひな人形や鯉のぼりを買ってもいけない。大みそかに年越しそばを食べるのも禁止、除夜の鐘にも耳を塞いで聞くことは禁止だ。

それらを窮屈だと思うのなら、もう認めるしかない。僕ら日本人はみんな、生活にリズムと安定を与える宗教・神道の信者なのだ。

でも日本の神道って、その性質上あまりにも生活に馴染みすぎてしまって、マルクスのいう「宗教は阿片だ」の阿片にはなり得ないんだろうな。どっちかというと「コメやミソ」みたいな〝あって当たり前、ないと困る〟ものだ。というわけで、日本にも国民全員が無自覚ながら、ちゃんと国民的宗教らしきものはあったのだ。

[本文デザイン・DTP]
アスラン編集スタジオ

[本文内写真]
p20/Jorg Hackemann/Shutterstock.com
p55/Daryl Lang/Shutterstock.com
p69/Lorna Roberts/Shutterstock.com
p104（上）/Frederic Legrand - COMEO/Shutterstock.com
p104（下）/Lizette Potgieter/Shutterstock.com
p106/lcrms/Shutterstock.com
p123/IgorGolovniov/Shutterstock.com
p128/thomas koch/Shutterstock.com
p132（上）/hikrcn/Shutterstock.com
p132（下）/AHMAD FAIZAL YAHYA/Shutterstock.com
p142/sunsinger/Shutterstock.com
p149（上）/ChameleonsEye/Shutterstock.com
p156/Ken Tannenbaum/Shutterstock.com
p157/Mohamed Elsayyed/Shutterstock.com
p164/Istvan Csak/Shutterstock.com
p191/Slavko Sereda/Shutterstock.com
p207/zhaoliang70/Shutterstock.com
p216/BassKwong/Shutterstock.com

青春新書
INTELLIGENCE

こころ涌き立つ「知」の冒険

いまを生きる

"青春新書"は昭和三一年に――若い日に常にあなたの心の友として、その糧となり実になる多様な知恵が、生きる指標として勇気と力になり、すぐに役立つ――をモットーに創刊された。

そして昭和三八年、新しい時代の気運の中で、新書"プレイブックス"にその役目のバトンを渡した。「人生を自由自在に活動《プレイ》する」のキャッチコピーのもと――すべてのうっ積を吹きとばし、自由闊達な活動力を培養し、勇気と自信を生み出す最も楽しいシリーズ――となった。

いまや、私たちはバブル経済崩壊後の混沌とした価値観のただ中にいる。その価値観は常に未曾有の変貌を見せ、社会は少子高齢化し、地球規模の環境問題等は解決の兆しを見せない。私たちはあらゆる不安と懐疑に対峙している。

本シリーズ"青春新書インテリジェンス"はまさに、この時代の欲求によってプレイブックスから分化・刊行された。それは即ち、「心の中に自らの青春の輝きを失わない旺盛な知力、活力への欲求」に他ならない。応えるべきキャッチコピーは「こころ涌き立つ"知"の冒険」である。

予測のつかない時代にあって、一人ひとりの足元を照らし出すシリーズでありたいと願う。青春出版社は本年創業五〇周年を迎えた。これはひとえに長年に亘る多くの読者の熱いご支持の賜物である。社員一同深く感謝し、より一層世の中に希望と勇気の明るい光を放つ書籍を出版すべく、鋭意志すものである。

平成一七年

刊行者　小澤源太郎

著者紹介

蔭山克秀〈かげやま・かつひで〉

代々木ゼミナールで圧倒的な人気を誇る公民科No.1講師。倫理だけでなく政経、現代社会もこなし、3科目すべての講義がサテライン衛星授業として、全国の各代ゼミ校舎に映像配信されている。語り口の軽妙さ、板書の確かさ、内容の面白さとわかりやすさから、生徒たちからは「先生の授業だけ別次元」と高い評価を受け、参考書や問題集も合計20冊近く刊行されるなど大人気。また、「新報道2001」をはじめ、テレビや雑誌などのメディアでもニュースの解説役として活躍中。主な著書に『やりなおす経済史』『やりなおす戦後史』(以上、ダイヤモンド社)、『蔭山のセンター倫理』(学研教育出版)など。早稲田大学政治経済学部経済学科卒。

世界《せかい》を動《うご》かす「宗教《しゅうきょう》」と「思想《しそう》」が
2時間《じかん》でわかる

青春新書
INTELLIGENCE

2016年5月15日　第1刷

著者　蔭《かげ》山《やま》克《かつ》秀《ひで》

発行者　小澤源太郎

責任編集　株式会社プライム涌光

電話　編集部　03(3203)2850

発行所　東京都新宿区若松町12番1号 〒162-0056　株式会社青春出版社

電話　営業部　03(3207)1916　振替番号　00190-7-98602

印刷・中央精版印刷　製本・ナショナル製本

ISBN978-4-413-04484-4